4·16구술증언록 단원고 2학년 4반 제2권

그날을 말하다

동혁 엄마 김성실

이 도서의 국립중앙도서관 출판예정도서목록(CIP)은 서지정보유통지원시스템 홈페이지(http://seoji.nl.go.kr)와
국가자료공동목록시스템(http://www.nl.go.kr/kolisnet)에서 이용하실 수 있습니다.
CIP제어번호: CIP2019008313

4·16구술증언록 단원고 2학년 4반 제2권

그날을 말하다

동혁 엄마 김성실

4·16기억저장소 기획 편집
(사) 4·16세월호참사가족협의회 지원 협조

한울

일러두기

1. 음절로 식별 가능한 소리를 들리는 대로 전사하는 것을 원칙으로 한다.

2. 의미를 파악하기 위해 추가 설명이 필요할 경우 [ ]로 표시한다.

3. 몸짓, 어조 등 비언어적 행위는 ( )로 표시한다.

4. 구술자가 말을 잇지 못해 말줄임표를 사용하는 경우 ……, …로 길고 짧음을 표시한다.

5. 비공개 영역은 〈비공개〉로 표시한다.

6. 비공개해야 하는 희생자 형제자매의 이름은 ○○, △△ 등의 도형기호로, 생존자의 이름은 A, B, C 등 알파벳 대문자로 표시한다.

7. 비공개해야 하는 제3자는 직분이나 소속, 성만 공개하고, 이름은 ××로 표시한다. 비공개해야 하는 숫자는 자릿수에 상관없이 □로 표시하며, 지명은 □□로 표시한다.

4·16기억저장소에서는 세월호 참사 5주기를 맞아 구술증언 수집 사업의 결과물 일부를 100권의 책으로 발간하게 되었습니다. 이 사업은 2015년 6월부터 다양한 학문 분야 구술 연구자들의 자발적인 참여로 진행되어 왔으며, 세월호 참사를 좀 더 정확하고 다각적으로 기록하고 기억하고자 하는 노력의 일환으로 수행되었습니다.

2014년 참사 발생 이후, 참사 피해자들의 목격담과 경험은 안타깝게도 공식적인 국가기관과 언론의 기록 속에서 철저히 소외되거나 왜곡되었습니다. 그것은 세월호 참사가 우리에게 안긴 죽음과 고통의 충격만큼이나 우리 사회의 끔찍한 비극이었습니다. 따라서 사업을 진행하면서 세월호 참사 희생자 가족, 생존자, 생존자 가족, 어민, 잠수사, 활동가, 기자 등등, 참사의 초기 과정을 직접 경험한 분들의 증언을 우선적으로 수집했습니다. 구술자는 이 사업의 취지와 방식에 개인적으로 동의한 분 중에서 선정했으며, 참여 과정에 어떠한 금전적 보상이나 이익이 제공되지 않았습니다. 또한 구술증언 수집 사업을 진행하는 동안, 면담자는 연구자이자 참사를 겪은 공동체 시민으로서 최대한 윤리적이고자 노력했습니다.

구술자마다 매회 약 2시간씩 3회를 원칙으로 음성 녹취와 영상 촬영을 하는 방식으로 진행되었고, 증언의 일관성을 확보하기 위해 면담자는 큰 틀에서 공통 질문지를 사용했습니다. 공통 질문지의 내용은 참사와 구술자 간의 관계성에 따라 차이가 있지만, 유가족 구술의 경우 1회차 '참사 이전의 삶, 팽목항과 진도에서의 경험, 자녀에 대한 기억'을, 2회차 '참사 이후 투쟁과 공동체 활동 경험'을, 3회차 '참사 이후 개인 및 가족이 경험한 삶의 변화와 깨달음, 자녀의 현재적 의미'를 중심으로 했습니다. 이처럼 증언 내용은 참사 이전에서 시작해 참사 발생 당시의 경험과 이후의 변화 과정까지 폭넓게 수집했고, 면담자는 구술 채록 과정에서 구술자의 발화를 최대한 존중하고자 했으며, 무엇보다 각자의 특수한 경험과 다른 시각을 충실히 반영하고자 했습니다.

이 구술증언록의 발간을 위해, 채록된 음성 자료는 문서로 변환해 구술자와 함께 검토했고, 현재 시점에서 공개할 수 있는 영역과 할 수 없는 영역으로 구별했습니다. 따라서 책에 실린 내용은 모두 구술자로부터 공개를 허락받은 부분입니다. 비공개 영역은 추후 구술자의 동의를 받아 적절한 절차를 거쳐 추가로 공개될 수 있으리라 생각합니다.

이 구술증언록 100권에는 그동안 우리 사회에 왜곡되어 알려지거나 잘 알려지지 않았던, 참사 발생 직후 팽목항과 진도 혹은 바다에서의 초기 상황에 관한 중요한 증언이 포함되어 있습니다. 또한, 자녀를 잃는 잔인하고 애통한 상황을 겪으면서도 그 누구보다 강인한 정치적 주체로 성장할 수밖에 없었던 유가족의 마음과 경험을 구체적으로, 그리고 여러 각도에서 살펴볼 수 있습니다. 그외에도, 이 구술증언록은 2014년을 전후한 한국 사회의 여러 측면을 드러내는 귀중한 자료가 되리라고 생각합니다. 무엇보다 국내외의 많은 분이 이 책을 읽어, 장차 세월호 참사의 진상 규명과 역사 서술에 기여할 수 있기를 바랍니다.

구술증언 수집 사업이 진행되고, 책으로 출간되기까지 많은 분의 도움과 지지가 있었습니다. 이 지면을 빌려 부족하나마 감사의 말씀을 전하고자 합니다.

먼저 (사)4·16세월호참사가족협의회와 4·16기억저장소에 감사를 드립니다. 이분들의 신뢰와 적극적인 협조가 없었다면, 이 사업은 처음부터 시작할 수조차 없었을 것입니다. 또한 어려운 정치 환경 속에서도 사업의 취지에 공감해 재정 지원을 결정해 준 아름다운가게와 역사문제연구소에 감사드립니다. 두 단체 덕분에, 이 사업을 4년 동안 계속해 올 수 있었습니다. 그리고 구술증언록 100권의 발간에 동의하고, 바쁜 일정에도 출판 실무를 기꺼이 맡아주신 한울엠플러스(주)에도 감사를 드립니다. 이 외에도 많은 개인과 단체가 직간접적으로 많은 도움을 주시고 격려해 주셨습니다. 여기

7

에 모두 밝히지 못하는 것을 죄송하게 생각합니다.

　말할 필요도 없이, 가장 크고 또 가슴 아픈 감사는 구술자 한 분 한 분께 드리고자 합니다. 이 책이 발간될 수 있었던 것은, 무엇보다 용기를 내어 아픔과 고통의 기억을 다시 떠올리고 장시간 진심으로 이야기를 해주신 구술자가 있었기 때문입니다. 오랜 시간 이야기를 나누며 함께 공감하기도 했지만, 그 아픔과 고통을 어떻게 가늠할 수 있을까 싶습니다. 더 큰 도움이 되지 못함을 안타까워하며, 이 구술증언록 100권의 발간이 피해자분들에게 조금이라도 위로가 될 수 있기를 기원합니다.

2019년 4월

4·16기억저장소 구술팀 책임자
서울대학교 인류학과 교수 이현정

차례

■ 2회차 ■

동혁 엄마 김성실

구술자 김성실은 단원고 2학년 4반 고 김동혁의 엄마다. 동혁이는 마지막 순간까지 동생을 걱정하고 엄마, 아빠에 대한 사랑을 표현하던 따뜻하고 순수한 아들이었다. 만난 지 얼마 안 된 아들이지만, 엄마는 누구보다도 착하고 다정했던 동혁이를 그리워하며 4·16합창단과 4·16가족극단 '노란리본'에서 활동하고 있다.

김성실의 구술 면담은 2015년 9월 15일, 18일, 22일, 3회에 걸쳐 총 6시간 50분 동안 진행되었다. 면담자는 김향수, 촬영자는 김혜원·오혜진·박여리였다.

구술자 본인의 프라이버시나 제3자의 프라이버시를 보호해야 할 부분을 제외하고는 구술자의 발화를 있는 그대로 전사했다.

1회차

2015년 9월 15일

1
시작 인사말

면담자　　　본 구술증언은 4·16 사건에 대한 참여자들의 경험과 기억을 기록으로 남김으로써 이후 진상 규명 및 역사 기술에 기여하고자 합니다. 지금부터 김성실 씨의 증언을 시작하겠습니다. 오늘은 2015년 9월 15일이며, 장소는 안산시 단원구 양지지역자활센터입니다. 면담자는 김향수이며, 촬영자는 김혜원입니다.

2
구술 참여 동기와 구술 기록의 활용

면담자　　　어머니, 오늘 구술에 참여하겠다고 수락하신 이유나 동기가 있는지요?

동혁 엄마　　　결과가 어떻게 나올지는 모르는데 4·16 이후에 저희 주변에서 정말 순수하게 도와주시는 분들 있잖아요. 그분들의 간절한 마음을 많이 읽었어요. 특히나 어떤 단체에 속하지 않으신 분들 중에서도 젊은 사람들이 자기의 일 제쳐놓고 와서 [활동]하는 그 과정에서 사실은 [4·16기억저장소에서 활동하는] 기현이하고 되게 친해지게 되었고 걔 마음을 아니까, 구술 작업에 대한 어떤 생각이나 이런 걸 떠나서 기현이가 해주십사 하니까 기현이가 하자니까 시작을 한 거예요.

면담자   네, 이후에 '이 기록이 어떻게 활용됐으면 좋겠다'라
든지 이런 제안이나 있으신지요?

동혁 엄마   글쎄요. 저는 이게 활용이 안 됐으면 좋겠어요. 제가
원하는 활용 범위는 오로지 지금 마음속으로는 애들이 왜 그렇게
됐는지에 대해서 그것만 밝혀지면 저는 더 이상의 어떤 그건 없다
고 생각[해요]. 그걸로 인해서 사회도 바뀔 수 있고 하기 때문에, 그
것만 생각하고 있기 때문에 이게[구술증언록이] 나오기 전에 특조위
에서 한 활동이 제대로 돼가지고 진상 규명이 어느 정도 실마리가
풀렸으면 좋겠다는 생각이 들고. 이게 활용이 된다는 거는 미래에
이제 뭐, 저희 아이의 아이들이 자랐을 때쯤, 그때쯤까지도 기억될
수 있게끔, '아, 세월호' 하면은 그래도 어느 정도는 가슴이 턱 막
히면서 생각할 수 있는 그런 자료로 남았으면 좋겠다는 생각이 들
어요.

3
4·16가족협의회 활동에 대한 소회

면담자   최근에 어떻게 지내셨는지요? 4·16가족협의회 총회
도 있었고 오랜만에 부모님들이 다 같이 모이셨잖아요. 그 이후에
어떤 생각들이 드셨나요?

동혁 엄마   음… 남한테 얘기하는 '약간 꾸며진 말' 그런 말을 하

18

길 원하는 건 아니죠?

면담자   네, 아니에요(웃음).

동혁 엄마   그죠? 솔직한. 저는 이제 케이스가 조금 남다르다 보니까 처음에 [유가족 활동] 시작부터 해가지고 제가 많이 가족들 사이에서 조금, 아… 거창하게 얘기하면 핍박을 받았다고 해야 되나? 그런 부분들이 좀 있었습니다, 시작부터. 색안경을 끼고 보는 부모님들도 많았고, 그 과정에서 말도 안 되는 루머들이 돌아다니고… 그럼에도 불구하고 저는 이제 자식 잃은 아버지를 지켜봐야 되고 또 새엄마로서 아무도 모르는 그 아이와 나만의 이야기가 있잖아요. 그래서 [4·16가족협의회 활동을] 시작을 한 건데. '2기' 우리끼리 얘기로는 가족들끼리 얘기로는 '가족대책협의회'를 '1기', '2기'라고 표현을 합니다. 지금은 '3기'라고 그러거든요, 지금 일을 하고 계시는 분들이. 근데 1기 때 〈비공개〉 누구라고 얘기를 할 수는 없지만 회의장에서 [저에게] "×× 나가라"는 얘기까지 들었고. 저는 제가 옳다고 생각하는 얘기를, 의견을 얘기한 것뿐인데 "니가 뭔데 나서냐" 그런 얘기도 많이 들었고.

　처음에 [4·16특별법제정 촉구] 서명을 제가 받자고 했습니다, 참을 수가 없어서. 서명받고 피켓도 처음에 시작된 문구는 제가 아이디어를 내고 밤새 생각해서 가지고 가면, 그날은 안 된다고 하고 며칠 지나고 나면 그걸 활용을 하고…. 〈비공개〉 그리고는 제가 무슨 의견을 얘기하면 굉장히 안 좋게 이야기하고 저를 피하고… 그러다가 이제 2기가 오면서 제가 선출이 된 거예요, 대외협력분과장으로. 선출이 되면서 '좀 달라지겠지' 생각을 했어요. '좀 가족들의 마음을 이해하고 좀 더 달라지겠지' 했는데 제가 분과장으로서 한 일은 회의한 거밖에 기억이 안 나요. 매일, 거의 매일 회의였고 대외협력분과회의다 보니까 국민대책위[4·16연대]하고의 어떤 약속이나 회의도 많이 있었고 국민대책위도 회의를 굉장히 많이 했어요. 그래서 제가 정말 '회의중독자들'이라고 생각을 할 정도로…. 그래서 서울까지 회의 갔다 오면 집에 오면 [새벽] 2시, 3시고, 그다음에 아침에 일어나면 또 아침 회의 나가야 되고, 근데 회의에서 하는 얘기가 거의 진척이 되는 얘기가 없고 어느 순간 '내가 왜 여기 있을까?' 하는 생각이 많이 들었어요, 저는.

[대외협력분과장을] 그만두기까지 괴로웠죠. 거의 몇 개월을 하고 그만뒀는데 그만두고 나니까 그만둔 순간부터 우울증 비슷한 게 오더라고요. 왜냐면 매일 어쩔 수 없이 나가야 되는 일들이 있었는데 그걸 그만두고 나니까, 어떤 직책을 내려놓고 나니까 어떤 자리에 나간다는 게 쉽지는 않았어요, 쉽지는 않았고. 그동안에 대외협력분과장으로서 제가 여러 단체와, 기업체도 포함하고, 여러 단체들하고 이야기도 많이 하고 했었지만 저는 태클을 많이 거는 [반대 의견을 많이 내는] 사람 중에 하나였습니다. 왜냐면 제 눈에는 잘못된 게 있으면 저는 분명히 얘기를 해야 됐었고, 거기에 목적에 따른 행동을 해야 되는데 그게 아닌 경우가 많았기 때문에 저는 간절하고 급했거든요. 4·16 참사가 잊혀지기 전에 빨리빨리 국민들

이 '와와' 할 때 빨리 이것을 해결해야 된다는 생각이었는데…. 〈비공개〉 그리고 '우리가 어떻게 하면 힘을 내서 소리 낼 수 있을까?' 이런 식의 토의만 했지, 정말 정작 [유가족] 본인이 나서[지 않고] 가족이 있어야 될 자리에 가족이 있어 주지 않는 현실을 제가 봤어요. 그래서 '이건 아니다'라는 생각이 들었기 때문에 분명히 가는 방향에서는 마음에 안 들었기 때문에 그만둔 거예요.

그리고 가족총회에서 제가 얘기했습니다. 그때 당시에 결정적으로 그렇게 된 계기가… 시행령. 시행령 문제였습니다. 시행령 문제였는데 매번 특별법에도 수사권, 기소권을 넣자고 했지만 꼭 넣을 수 있을 거라고 주변에서 다 얘기했어요. 국민대책위에서 저희들한테 접근할 때도 "이건 대형 참사기 때문에 분명히 우리가 해줄 수 있다, 약속할 수 있다". 근데 어느 날 둘 중에 한 개가 빠지고 수사권이 어쩌고저쩌고 '수사권만이라도…' 그리고 어느 날 보니까 그 두 가지가 다 빠졌는데. "다 빠지면 어떠냐, 이 정도 한 게 우리가 싸워서 이긴 거다"[라고 하더라고요]. 근데 저는 그런 생각했습니다. '이거 뭐? 개쓰레기 같은 특별법 하나 만들어놓고 거기에 시행령 만들어놓고…' 시행령도 폐기할 수 있다고 또 그랬어요, 그 사람들. 그래서 소리치자고 했습니다. 근데 시행령 폐기하자고 소리쳤음에도 불구하고 시행령은 그냥 넘어갔습니다.

그리고는 어느 순간부터 돈 얘기가 나오기 시작하고(한숨) 국민성금은 받아도 된다는 식의 이야기…. 그래서 그 과정에서 제가 가족총회에서 제가 사퇴 의사를 밝히면서 죄송하다고 했어요. 〈비공개〉 그분들이 하시는 말씀은 "너가 거기 계속 있어야지 왜 그만두 냐, 우리는 니를 믿고 있었는데", 근데 저는 그런 생각을 했습니다. '옳지 않은 것을 보고 눈치 보다가 대중이 가는 길로 그냥 손드는 거는 더 나쁜 거'라고. 옳지 않은 길을 옳지 않은 줄 모르고 가는 사 람들도 있거든요, 아무도 얘기해 주지 않기 때문에. 그런데 그걸 알면서도 뒤에서는 "그래 동혁이 엄마가 옳아. 동혁이 엄마 힘내 파이팅" 해놓고는 돌아서서는 그 사람들 옆에 있는 사람들을 보면 서… (침묵) '세월호가 이래서 났구나' 하는 걸 느꼈어요. '이게 원인 이구나…' 그래서 제가 사퇴서에서 사퇴 의사 밝히면서 저는 옳지 않은 길에 같이 갈 수가 없다고…. 왜냐면 처음에 가족대책위 생길 때 태클 거는 것도 큰 용기가 필요했지만 이렇게 그만두는 것도 용 기가 필요하다고, 용기를 내서 말씀드린다고. 〈비공개〉

면담자　　　　몇 달 전에 가족협의회를 사단법인으로 등록했죠.

동혁 엄마　　　그것도 그래요. 무조건 '사단법인에 가입하라'고 사 단법인이 돼야 우리가 뭐가 되듯이 [하는 거죠]. 근데 사단법인이 진 상 규명해 줍니까? 아니잖아요. 그게 급한 게 아니라 지금 이 순간 도 자식을 찾지 못한 부모들이 있잖아요. 가족을 찾지 못한 부모들 이 있잖아. 그 쓰레기 같은 세월호 속에 애들이 있다고요. 그 미수 습자 가족들을 위한다는 생각보다는 오로지 사단법인을 만들어서 어떻게 큰 목소리를 내고 어떻게 가족들이 살 궁리를 하고 있다는 게 저는 너무 싫었어요, 그게. 〈비공개〉 미수습자에 대해서는 아무

논의도 없고, 정말 인양에 대해서도 한마디도 없이 사단법인 [얘기만 했어요]. 그래서 제가 지켜보다가 제가 원하는 방향이 아닌 거 같으면 저는 사단법인도 안 하겠다고 했어요. 사단법인 회원도 저는 되고 싶지 않다고, 가족대책회의에서 빠지겠다고……. 그랬더니 어느 순간 그걸 제대로 못 알아들은 일부 부모님들이 제가 나타나면 "니 가족회의 안 한다고 하지 않았냐"고, "니 입으로 얘기하지 않았냐"고, 정말 그걸 설명하기도 귀찮더라고. '아 당신들이 참 내 마음을 모르구나'.

그 이후에는 그냥 제가 봤을 때 [가협 활동이 공지로] 올라오면 제가 어느 정도 땡기는 데 쪽으로 가고, 가능하면 저는 입을 안 열려고 하고 있어요. 왜냐면 더 이상 나서기 싫어서. 〈비공개〉 나는 오로지 한 가지 일념밖에 없었고, 지금도 오로지 한 가지밖에 없는데 '왜 이 사람들은 나를 신데렐라나 이런 데 나오는 새엄마로만 보고 있을까? 한 사람의 인간으로 생각을 해주면 충분히 그게 내 마음이 전달이 될 텐데…' 하는 생각, 그래서 지금도 그 이후 한 3, 4개월 됐어요. 잠을 거의 못 잤어. 오늘 아침도 '전화를 해서 [구술 약속을] 그냥 취소를 할까?' 왜냐면 몸이 안 따라주는 거야. 5시까지 잠 못 자고 있다가 겨우 서너 시간 자니까. 밤에는 잠을 이루지 못해요. 왜냐면 누워 있으면 심장이 벌렁벌렁거리고 화가 나가지고. 음, 부모님들에 대한 화는 개인적인 화지만 이 국가에 대해서. 그리고… 있어야 하는데 없는 아이 때문에… 당연히 있어야 될 앤데… '왜 없을까, 지금 진짜 안 오나, 진짜 안 돌아오나' 하는 생각이 드는 거

지. 진짜 내가 내 눈으로 보고 화장을 했음에도 그게 (한숨) 믿어지
지가 않고 '왜 안 구했지' 하는 생각이……. 정말 이거는 [희생자들
을] 구하지 않은 게 맞기 때문에, 정말 이거는 아니라는 생각이 들
어서. 동혁이 아빠 술 먹고 코 골고 자는 모습을 보면서, 저는 그
아이를 낳지 않았지만 한 사람의 국민으로서, 한 사람의 어른으로
서 동혁이 아빠한테 너무 미안한 거야. (울먹이며) '내가 정신없이
멍청하게 대학까지 나오고, 이렇게 멍청하게 살았으니까 이런 일
이 내 앞에 떨어지구나' 하는 생각이 들고. '아무것도 모르는 공고
[공업고등학교] 나와서 그냥 (울먹이며) 열심히 열심히 일만 한 이 사
람한테, 이혼하고 죽어라고 애들만 키운 이 사람한테 이런 아픔을
주는 그런 국가의 국민이 나구나' 하는 생각이 드니까 내가 어떻게
할 수도 없으면서도 화가 나서 잠이 안 와.

아침에 일어나서도 어디론가 가야지 하고 보고 있으면, '아, 또
나에 대해서 나쁘게 얘기했던 그 사람들을 또 봐야 되는구나' 그것
도. 그니까 하루하루가 순간순간이 용기가 없으면 안 되는 일들인
거야. 근데 집에 있으면 집에 있는 대로 또 너무 힘든 거예요. 그니
까 지금까지 살면서 한 번도 일없이 쉬어본 적이 없거든요, 저는.
지금 그렇잖아. 막연한 거지. 막연하고 집에 있으면서도 '아, 내가
이렇게 아무것도 안 하고 있으면 안 되는데, 안 되는데' 하는 생각
이 자꾸 드는 거죠.

그래서 며칠 전에는 그 수많은 날들 중에서 일주일에 한두 번
조금 컨디션이 괜찮은 날 있잖아요. 조금 잠을 못 자도 왜 기운이

동혁 엄마 김성실

좀… 해서 어느 날 제가 시청돌보미 하시는 분한테 연락을 했어요. "재취업 상담을 세월호 유가족이 할 수 있냐?"고 그랬더니 그분 답이 "이미 끝났다"고 그러더라고. 근데 거기에도 막 화가 나는 거야. 왜냐면 저희가 아이 데리고 올라왔을 때 그때부터 시청돌보미라고 끊임없이 전화 오고, 끊임없이 도와주겠다고 그렇게 했던 사람들이 그때 당시에 취직하라고 했어요. 재취업까지 시켜준다고, 시에서 나라에서. 근데 그때 새끼 찾고 얼마 안 되고 새끼[가] 왜 죽었는지도 모르고 이게[투쟁 활동이] 이렇게 오래갈 줄도 모르는 상황인데 그때 직장을 구할 정신없는 부모가 어딨습니까? 그거[취직 지원 사업] 한 두어 달 하고 말았대요. "그럼 지금은 재취업인가 뭔가 할려면 어떻게 해야 됩니까?" 이랬더니 고용보험 가서 알아보래요, 본인이 직접. 그래서 이런 개떡 같은 나라에 내가 살고 있구나 싶더라고.

4
유가족 활동과 유가족 지원 단체에 대한 아쉬움

면담자　　얼마 전에 가족총회 다녀오셨나요? 다녀오시고 나서 오히려 마음이 더 힘드셨겠어요.

동혁 엄마　　제가 그때 분과장 내려놓고 나서 총회는 한 번도 안 갔어요. 분명히 저는 [가협의] 방향이 마음에 안 든다고 했었고. 〈비공개〉 저는 있는 그대로 [그만두는] 이유를 얘기했었고, 그 이후에 제가 총회를 안 간 이유는, 마음이 너무 아픈 거예요. 갈 때마다 내가 원하는 얘기는 안 나오니까. 저는 지금도 가족이 있어야 될 자리는 세 군데라고 생각하거든요. 한 군데는 '[상하이]샐비지'가 그 인양을 위해서 조사하고 있는 그 현장, 동거차도가 아니라 그 현장. 그건 어차피 지금 막으니까 어쩔 수 없잖아. 그리고 하나는 해수부라고 저는 생각해요. 인양을 위해서 행정적인 작업이 어떻게 진행되는가를 분명히 우리가 지켜봐야 되고, 지금쯤 어느 정도 왔는지를 지켜봐야 돼요. 근데 그 자리에 지금 가족이 없습니다. 그리고 한 가지는 미수습자 가족 옆, 특조위 옆……. 매주 월요일만 특조위에 갈 게 아니라 누군가가 계속 그걸 지켜봐야 된다고. 그 사람들이 뭘 하고 있는지, 그 사람들이 과연 우리가 조사신청서를 낸 거에 대해서 확인은 하고 있는지, 자료는 어디어디에 신청을 했는지, 그게 어느 정도 진행되고 있는지를 확인을 해야 그 세 가지가 병행이 돼야 되는데 그 세 가지 속에 가족이 없어요.

[그러면] 우리는 어디에 있냐. 피켓 들고 있고 광화문에 앉아 있고, 그리고 어쩌다가 팽목항에서 행사하고 그리고 간담회 다니고 있습니다. 간담회는 제가 대외협력분과장 할 때 만든 거예요. '많이 알리자', 그때는 알려야 되는 상황이었기 때문에 모르는 사람이 너무 많았기 때문에, 그때는 그리고 생생했잖아요. 저희가 아픔과 분노가 가득 차 있었기 때문에 간담회가 효과가 있었어요. 지금은 그때 간담회를 다닌 것을 그것을 총알로 만들어야 될 때거든요. 무

기로 만들어야 될 땐데 그냥 그 연장선상에서 그 간담회 내용을 [구성하죠]. 지금 이제 4·16연대에서 원하는 간담회 내용은 '인권'이에요. 국민의 안전, 민주주의. 저희 부모님이 지금 그게 급할까요? 아니, 현재진행형인 세월호의 죽은 아이들의 인권조차도 이뤄지지 않고, 살아 있는 우리들의 인권도 지금 없는데, 정작 주인공인 우리 인권조차도 하나도 찾지 못하는 상황이잖아요. 〈비공개〉 '이 사람들은 왜 이렇게 항상 순서가 거꾸로 갈까…' 아, 진짜 국민대책위 [4·16연대] 욕 안 하려고 했는데, 너무 많이 느꼈습니다. 〈비공개〉 [4·16연대에서] 쌍차[쌍용자동차]팀, 용산[재개발]팀, 강정[해군 기지]팀, 밀양[송전탑]팀, 세월호팀 그렇게 이제 구분되어지고 있는 것을 보면서 '우리가 해놓은 게 하나도 없구나' 싶어요. 우리가 해놓은 게 하나도 없기 때문에 오룡호 때도 그렇게 넘어간 거고, 돌고래[호] 그 불쌍한 분들…도 지금 이렇게 그냥 넘어가고 있다는 거예요. 우리가 해놓은 게 하나도 없기 때문에……. 우리가 뭔가를 했다면 이런 일은 일어나지 않았을 거라고 저는 생각합니다.

그래서 우리가 너무 무지했었고 우리를 가르치는 분들이 너무 매너리즘에 빠져서, 늘 해오던 관례대로 모여서 촛불집회하고 으쌰으쌰 한번 하고, [경찰이] 막으면 '그래, 이렇게 막아서 우린 [돌아]간다' 이런 식의 저항 아닌 저항만 했었던 거죠. 정말 정작 분노하고 저항하고 시위해야 할 때 시위하지 않고 자기가 있어야 될 때 있지 않았기 때문에 이런 문제가 생겼다고 생각해요, 저는. 〈비공개〉 저는 너무 그런 게 싫은 거야. 너무(한숨) 나도 똑같은 물에 있구나 하는 생각…….

제가 대외협력분과장 할 때도 양심적으로 걸렸던 게 되게 많았어요. '뭣 땜에 이런 회의하지?' 세월호 문제를 해결하면, 거기에 들어 올리면, 모든 게 다 올라와서 세월호 문제 해결하고 하나씩 하나씩 그 밑에 올라오는 거 해결하면 되는데, 얘네들은 왜 이걸 해결하면서 기업 살인, 인권, 누구 살인, 누구 뭐 안전… 그리고 뭐 하다못해 놀이터 안전까지 이야기하더라고. 그러기 싫었어요, 저는. 이거는 차후 문제지. 이걸[4·16 참사를] 해결하면 이게[다른 문제들을] 해결할 실마리가 있는데 '왜 이 사람들은 내가 세월호 유가족인데 나와서 기업 살인에 대해서 발언하라고 얘기하지? 왜 인권선언단을 모집하기 위해서 나서서 말해달라 그러지? 나 아직 그럴 때 아닌데, 나 아직 인권까지 생각할 때 아닌데, 내 새끼 왜 죽었는가 그것부터 밝히고 하고 싶은데'. 안 하고 싶은 거 아니에요. 우리도 어느새 시민활동가처럼 그런 마인드가 생겨버린 거예요. 간담회 다니고 하시는 분들이 그게 교육이 돼버린 거야. 근데 섣부르게 한 가지를 뛰어넘고 지금 교육이 [진행]돼 버렸어. 〈비공개〉 [간담회 하는] 이 자리에 와서 이래 달라, 이 자리에 와서 발언해 달라 하니까, 가는 데마다 우리 편이니까 환영하잖아요. "힘드셨죠", "뭐 하셨죠" 대접해 주잖아요. 그게 습관이 돼버린 거야.

그러면 우리가 원하는 진상 규명은 언제 해? 우리 편끼리만 백날 만나고 있어가지고 될 일이냐고. 소리치고 외치고 아직도 해결 안 됐다고 죽는 시늉까지라도 해야 되는데 아무도 안 하고 있는 현실이죠.

면담자　　가협이 어머님이 바라는 방향대로 안 가는 부분이 있어서 더 마음이 힘드실 거 같은데요.

동혁 엄마　　그렇죠. 그래서 제가… 완장을 차고 있을 때는[가협의 임원일 때는] 가만히 있어도 사람들이 왔습니다. 가만히 있어도 "이야기 좀 하자, 뭐 하자, 이래[이렇게] 행사할 건데 어떻게 생각하냐" 그 행사에 대해서도 사실은 계획에 돈하고 연관된 거는 하나도 밝히지 않더라고요. 어느 단체든 마찬가지입니다. 그럼에도 불구하고 우리가 급하니까 '이거라도 해야지' 하는 생각에 [저도 동의]하면서도, [제가 따져 물을 때는] 저도 진짜 하고 싶은 얘기에 삼분의 일도 안 했어요. 근데도 제가 태클을 거는 게 되는 거예요. 제 눈에 보이는 정말 이것만은 고쳐줬으면 하는 마음에 했던 얘기들이[었는데도요].

저희 주변에 '[4·16]기억저장소'도 있고 뭐 '우리함께'도 있고 '이웃'도 있고 많아요, 그죠? '온마음[센터]'도 있고. 근데 사실은 온마음 같은 경우에 이렇게 치유 그런 쪽이니까, 처음에 부모가 싸우는데 있어야 되는데 온마음에서 계속 "[부모들이 온마음센터로] 와서 치료해라, 와서 치료하라" 해서 많이 빠져나갔어요, 부모들이. 그 과정도 사실 좀 많이 싫었거든요. 근데 온마음이니까 가능하다고 저는 생각했어요. 〈비공개〉

면담자　　어머님께서 유가족 지원 단체들에 대해서 쓴소리를 하시니까요.

동혁 엄마 그쵸. [그래서] 소외감이라는 거죠, 그게. 내 스스로 느끼는 소외감. 강해 보여서일 수도 있고 또 무슨 소리 할까 싶어서 그럴 수도 있겠죠. 저는 궁금해서 물어보는 거고, 이해가 안 가서 이야기하는 거고…. 근데 그 사람들 입장에서는 그럴 수도 있지 않을까 하는 생각이 들더라고. 근데 저는 이 정도는 눈 감고 넘어가도 된다는 [싶은] 얘기는 저도 잘 눈 감고 넘어가거든요, 별일 아닌 일에는. 근데 유독 그 문제만큼은, 왜 가족들이 여기[활동 현장에] 있어야 되는데 "너거들[유가족 지원 단체들]은 행사를 왜 지금 [시간을 겹쳐서] 하는데? 왜 가족들이 분리되게 하냐?" 그런 얘기는 좀 많이 했어요. "행사 생각해 가면서 하라"고 "우리가 있어야 될 데가 어딘지 너거도 생각해 보라고. 너거 같이 싸워준다고 해놓고 왜 이런 식이냐?" 그런 얘기는 했죠. 그래서 그런지 어쩐지 모르겠어요. 하여튼 제가 강해 보였을 수도 있는 거고, 알아서 잘하겠지 싶어서 연락 안 했을 수도 있지만, 그래도 사람이다 보니까……. 〈비공개〉

면담자 지금 주로 연락하시는, 어머님을 언니라고 얘기하는 엄마들은 같은 반 엄마들인가요?

동혁 엄마 아니요. 제가 대외협력분과장 할 때 같이 도와주던 엄마들, 옆에서 같이 도와주던 엄마들 중에서 그나마 조금 마음 편한 엄마들이 한둘이 있거든요. 그니까 그 엄마들하고 얘기하고…. 제가 그런 생각이 들어요. 제가 술을 좀 좋아하고 사사로운 얘기하는 걸 좀 좋아하는 사람이었으면 지금쯤 제 주변에 더 사람이 많겠지 하는 생각은 해요. 근데 저는 [술을] 되게 좋아하게 생겼다더라고. 근데 저는 술을 거의 안 좋아하거든요. 술 먹는 자리 또한, 꼭 할 얘기가 아니면 그런 자리가 필요 없다고 생각하는 사람 중에 한 사람이고. 그러다 보니까 사사로운 얘기를 [하는] 그걸 저는 근무라고 생각을 하는 [편이에요]. 그니까 이 사람 기분 좋으라고 들어주는 그 정도 선에서 벗어나지를 못하는 거예요. 그니까 아무 일 없어도 여자들끼리 만나서 수다도 떨고 쇼핑도 하고 한다더라는 그걸 잘 이해를 못 해요, 저는.

왜냐면 그럴 시간이 없이 살아왔기 때문에. 제 애 키우고 먹고 살아야 되니까. 그러고 부동산이라는 게 다행히 그런 직업이잖아요. 진짜 말도 안 되는 얘기도 들어줘 가면서, 비위 맞춰줘 가면서, 한 건을 해야 되는 그런 거기 때매[때문에] 그게 근무인 거예요, 저는. 그니까 밖에 나와서 부모님들하고 막 즐겁게 이야기하고, 남들 보기에는 내가 더 즐거워가 막 하는 거처럼 보이는데, 집에 들어오면 급 피곤하고 며칠은 좀 쉬고 싶고 그런 거 있잖아요. 그러다 보니까 [누가] "언니, 밥 먹어요", "언니 뭐 언제 술 한잔해요" [하면] 대답만 "어, 어" 해놓고 못 지키는 약속들이 너무 많은 거야. 그니까 개인적으로 친해질 기회가 거의 없었지.

그리고 저희가 또 재혼이다 보니까 아직은 신혼이잖아요, 아직은. 지금 이제 3년 넘었으니까 그니까 늘 [동혁 아빠와] 손잡고 다니고 같이 있고 이러다 보니까 다른 사람이 침범할 그거도 없지. 끼어들 틈도 없는 거죠. 그니까 그다지 친한 사람들이 그다지 많지 않고.

작년 12월 1일이 우리 동혁이 생일이었거든요. 근데 아이들 생일을 '이웃'에서 돌아가면서 해주잖아요. 그때 당시 제가 대외협력 분과장이었고 되게 바빴었어요. 근데 다른 아이들은 다 '이웃'에서 연락해서 생일잔치 하자 해놓고, 우리한테는 연락도 없더라고. 제가 이 행사를 되게 싫어했거든. "치유가 지금 무슨 필요하냐, 싸워야 될 때다" 그런 식이었어요, 저는. 그게 얘기가 다 들어갔겠죠. 그래서 편하진 않겠죠. 근데 연락도 안 왔는데, 물론 연락이 안 온 것도 불만은 없어요. 그럴 수도 있을 거라고 생각은 하는데, 저희가 기독교다 보니까 저는 아이들 상 위에 먹을 거 갖다놓고 그런 거 썩 좋아하지 않아요. 그걸 믿지를 않기 때문에. 그냥 내 애는 분명히 죽기 일주일 전에도 하나님이 계시다고 했던 애였기 때문에, '[동혁이는] 하나님 우편[가까이]에 앉아 있을 거다. 이 아이는 뭔가 큰일을 하고 있을 거다' 그런 생각을 자꾸 동혁이 아빠하고 둘이 하기 때문에 다른 분들이 막 챙겨주면 고마운데, 그 고마운 선을 넘지는 않는 거고 우리가 막 나서서 해지지가 않더라고. 두 번째 이유는 뭐냐면 애들이 안 올라왔기 때문에. 뭐 그때 당시에 미수습자가 있었잖아, 지금도 있고. 그런 사람들을 생각하면 우리 애 생일이라고 파티를 할 그런 건 아니더라고, 아무리 슬픈 파티더라도 안 하고 싶더라고.

그리고 하늘공원 가면 우리 애 칸이 있잖아요. 그렇게 이쁘게 안 꾸며져 있어요. 동혁이한테 제가 처음 그걸 넣고 약속한 게 있었어요. '동혁아. 이 자리는 임시로 있는 자리이기 때문에 너가 영원히 있을 곳에 가면 엄마가 끝내주게 꾸며줄게', 왜? 아직 아무것도 해결되지 않았기 때문에. 그래서 정신없이 가가지고 막 재 와요. 그거 새로 만들어줄 거라고.

근데 내가 동혁이하고 했던 약속이 있는데, 또 은화 엄마나 다윤이 엄마 눈빛을 보면 가슴이 너무 아프니까 최소한 내가 해줄 수 있는 것은 기다려주는 것이라는 거죠. 내가 해줄 수 있는 것은 죽지 않고 버텨주고 기다려주는 거. 그 기다려주는 것에 가장 큰 게 뭐냐면… 배·보상받지 않고 기다려주는 게 가장 큰 거라고 저는 생각했어요. 그 작업에 동참하지 않는 거. 법리적으로 어떻게 해석이 될지는 저는 모르겠어요. 〈비공개〉

5
진상 규명 활동

면담자 어머니, 요즘은 주로 어떤 활동을 하고 계시나요?

동혁 엄마 그 '네티즌수사대'라고 있어요. 네티즌수사대라고 일반인들이 한 십여 명 정도 되고, 초기에 시작은 가족들도 한 십여 명 됐어요. 그래서 매주 목요일 날 서울에서 저희가 모임을 합니다. 8시에 시작을 하면 거의 11시 반에 끝나요, 왜? 일주일에 한 번

밖에 없으니까. 일주일 동안 그분들이 무엇에 대해서 의혹을 가지고 있는지에 대해서 설명을 하고 저희 또한 그 자료들을 찾아보고. 그리고 어떤 것을 특조위[세월호 참사 진상 규명 특별조사위원회]에 신청을 할 것인지, 이것을 해달라고. 누군가는 해야 될 일이잖아. 〈비공개〉 그래서 앞서 나가는 거죠, 외부에서. 그렇지만 저희들은 그분들한테 "가족대책위[가족협의회]하고 저희하고 무관합니다"[라고는] 얘기 안 해요, 왜? 다 열심히 하고 있기 때문에 뭔가는 다 열심히 하잖아. 잘못된 게 있든 어쨌든 그거는 나중에 역사가 판단하는 거고, 다 열심히 하고 있고 그 사람들 또한 피해자고 가족이고 가슴 아픈 사람들이고. 난 내가 이거[진상 규명 활동]할 수 있으니까, 이게 더 의의가 있다[고 생각하]니까 난 와 있는 거고.

그래서 거기서 연구해 가지고 어저께 수현이 아빠가 여섯 개 정도 [조사 신청을] 냈다 하더라고, 특조위에 이거 이거 조사해 달라고. 근데 저희 같은 경우에 팀을 또 나눴어. 여기는 '해경', 여기는 '구조 실패의 원인', 그리고 여기는 생존자 증언들 위주로 해가지고 '타임라인' 만들고 그래. 여기서도 하고 있고 '진실의 힘'에서도 또 ≪한겨레21≫을 중심으로 해가지고 또 자료를 이제 데이터 분류를 하는 거, 분류를 해야 특조위가 편하게 찾아볼 수 있을 거 아니야. 아무도 그 작업을 안 해봤어요. 자료는 2테라바이트? 자료는 엄청나요. 근데 아무도 안 해봤다는 거지. 거기에 또 플러스된 자료가 재판 관련 서류잖아. 누가 다 봐, 그걸? 그래서 거기서 사람이 네다섯 명이 붙어서 이제 변호사하고 막 하고 있고, 우리는 우리대로 이제 하고. 나중에 이게 합치면 뭔가 큰 역할을 할 수도 있지 않을까 기대를 해봐요.

근데 제가 가족들 앞에 나서면 "나오지도 않는 게, 자기 완장 차고 있을 때는 어지간히 설치고 뭐 그러더니 나오지도 않는다"는 식의 이야기, 뭐 이제 합창을[4·16합창단] 저희가 동혁이 아빠하고 하거든요. "이거라도 하자", 왜? 가족들이 "지금 노래를 부를 때냐?" 해쌓고 이러니까 "우리라도 나서서 해놓자" 그렇게 해갖고 이제 합창을 매주 월요일 날 가요. 그러면 "오랜만이네. 이럴 때나 돼야 동혁이 엄마 얼굴 보네" 이러는 거야. 아무도 모르잖아. 물어보지도 않았잖아, 내[가] 뭐 하는지. 근데 저는 저 나름대로 제 친한 부모님들, 그나마 좀 활동하는 부모님들한테 부탁을 해요. "네티즌수사대가 10명이 오면, 가족들은 사실 30명 이상은 돼야 돼. 그래야 힘이 생기는 거야" 그리고 진술, 그 저기 뭐야 조사 청구하는 거, 그것도 가족들 이름으로 해야 되거든요. 외부 사람 이름으론 안 돼요. 그럼 가족들이 도와줘야지. 근데 관심 없어 하니까 몰라서 그런가 싶어서 문자도 보내고. 매주 목요일 되면 "6시 30분에 출발합니다"[공지해도] 아무도 안 와요. 어떤 분들은 "미안합니다. 동혁이 엄마 고생이 많습니다" 그 정도 문자만 보내주고. "다음에 갈게요" [하는 사람한테] 그다음에 [같이 가자고] 얘기하면 또 다른 일이 있대. 또 "다음에 갈게요".

면담자   이게 가족협의회 사업이 아니어서 그런 거예요?

동혁 엄마　　　음… 이런 것도 있어요. 네티즌수사대 오시는 분들은 약간 전문가들이잖아, 그나마 우리보다는. 그래서 그분들은 할 말이 굉장히 많죠. 그럼 우리가 몰랐던 걸 얘기할 때도 많아요. 이것도 의혹이고, 저것도 의혹이고. 우리가 지금까지 [조사]한 내용으로는 솔직히 말하면 에이아이에스(AIS)[선박자동식별장치], 레이더 전부 다 조작이에요. 조작인 거 느낄 수 있고 증거도 있어요. 그럼에도 불구하고 우리나라가 언제 증거가 있다고 그게 결론이 되진 않잖아. 모든 게 다 조작이었다는 거지. 근데 그걸 밝히는 사람들… 그 사람들이야. 근데 우리는 입만 가지고 가고, 머리만 가지고 가고 그러잖아.

　　근데 난 부모님들한테 얘기하거든요. "그 자리에 앉아 있어 주는 것만 해도 힘이다. 내가 피해자로서 나도 아무것도 모른다" 그치만 [저희와 함께 해주시는 분들한테] "아, 감사합니다", "어떻게 아셨어요?", "너무 고맙습니다", "덕분에 제가 이렇게 나옵니다" 이렇게 해줄 수 있는 것만도 그것 하는데 [도움이 되는 거죠]. 이 사람들[유가족 부모들]은 내가 뭔가 해야 된다고 생각하나 봐. 아무리 아니라고 설명을 해도 한두 번 가보곤 또 안 나오셔. 왜냐면 그분들이 얘기하면 내가 한마디라도 해야 되는데 그거 자신이 없는 거야. 그런 순진한 부모님들이에요. 그니까 "내가 할 줄 아는 게 없어서… 동혁이 엄마, 나는 이제 못 갈 것 같다…" [하는 거예요].

면담자　　　뭔가 더 도움을 줘야 된다고 생각하시나요?

동혁 엄마 김성실

동혁 엄마　　　응, 뭔가 내가 밝혀야 되는데 그게 안 되니까 거기에서 오는 피해의식 그리고 자괴감 그런 게 있나 봐. 그러면서 남들이 보기에는 왜, [그 자리에 나왔는데, 어떤] 두 사람[이] 하나도 안 친하고 오늘 만났을 수도 있잖아. 근데 둘이 웃으면서 인사하면 '저 두 사람 친한가? 그럼 저 사람 좀 더 많이 아나 보다. 아, 난 아무것도 모르고, 나 다음부터 안 올래' 이런 거……

면담자　　　근데 아무래도 그게 전문적인 내용이라 저도 가끔 '파파이스' 보면 전문용어가 막 나오니까 저도 뇌가 멍해지더라고요(웃음). 그런 게 있어서 괴리감도 있을 거 같다는 생각이 들어요.

동혁 엄마　　　있어요. 있는데, 동혁이 아빠 같은 경우에는 저는 딱 평균치라고 생각하거든요. <비공개> 근데 수현이 아빠 같은 경우에는 4·16 이후에 제가 뵌 분이잖아. 그 사람이 가족총회 할 때 자기 애 영정 사진을 들고 나가버린 분이예요. 그리고 뉴스에 나왔어요.

면담자　　　그게 언제인가요?

동혁 엄마　　　초반에. 1기 대책위가[가협이] 생기고 1차 가족총회를 하는 날 한 20분 듣다가 "너거 아이다[너희 식으로는 안 된다]"고, 그 사람 판단이 옳았어요, 옳았어요. 그러고는 [수현이 아빠가] 영정 사진을 들고 나가버리셨어요. "난 너거[너희]하고 같이 안 한다"는 걸 설득해 갖고 영정 사진을 다시 갖다놓게 한 게 동혁이 아빠하고 저예요. 우리 반이잖아. 근데 그 과정에서 저는 맘에 안 들면 뜯어고치려고 노력을 하는 스타일이거든요. 같이 욕을 얻어먹더라도 이 문제만큼은 그렇게 해야 된다고 생각하고. 또 아마 그게 부동산 하면서 한 건씩 한 건씩 이뤄나가는 그런 저력이라고 할까, 그런 거였던 것 같애. '설득을 해야지. 이 사람을 설득해야지'. 〈비공개〉

우리가 정말 바보 같은 짓을 많이 따라 했습니다. 그리고 국회 의원을 만나고 다니고 할 때가 아니었어요, 세월호가 났을 때. 만나자고 할 때가 아니라 그들이 만나러 오게끔 만들었었어야지, 우리가. 이래 국민들이 전부 다 가슴 아파하고 있을 때 그때 분노로 만들었어야 되는 거예요, 우리가. 우리는 우리가 만나러 다녔잖아, 제발 만나달라고. 결국은 지금은 많이 사람들이 옆에서 쭉 지켜보던 사람들이 그래요. "처음엔 너거 뭐든지 할 거 같았었는데, 국민들도 뭐든지 도와줄 거라고 했었는데 결국은 시간이 지나면서 〈비공개〉 국가도 너거들한테 냉담하다", 왜? 배·보상 끝나고 나면 끝이니까.

6
안산에 자리 잡기까지의 과정

면담자   어머니는 안산에서 지역신문 기자를 하셨다고 했는데, 안산에 처음 언제 오신 거예요?

동혁 엄마   96년도에 왔어요.

면담자   부산에서 바로 오신 거예요?

동혁 엄마 예, 부산에서. 그니까 뭐 결혼생활이 그다지 안 행복했으니까 헤어졌겠죠. 근데 저는 우리 엄마 가슴에 못을 박은 거죠. 대학 졸업하고 제가 법학과를 나왔어요. [당시] 법학과를 나오다 보니 여학생이 법학과 나오면 공무원 되지 않는 한은……. 근데 저희, 제가 학교 다닐 때는 공무원은 썩 좋은 직업은 아니라고 생각했기 때문에, 우리 오빠가 공무원 시험 준비하라 할 때 저는 자존심이 상했어요. 나보고 왜 공무원 하라는지 모르겠다고. 근데 그냥 졸업하고 나니까 취업할 데가 없는 거야. 근데 취업은 안 되고 집에 눈치는 보이고, 잘사는 편은 아니니까. 제가 막내였거든요. 그니까 그러던 차에 이제 전 남편을 만난 거죠. 만났는데 사람의 마음을 얻기 위한 특성상 아주 진짜 잘하더라고. 그래서 '안 그래도 집을 나오고 싶었는데' 하는 마음에 그냥 아무 생각 없이 결혼을 결정을 했어요. 〈비공개〉

[전 남편과] 헤어지고 애를 데리고 올라왔죠. 근데 내 직업이 뷔페를 하잖아. 그거는 남들 쉴 때 일해야 되는 직업이잖아. 특히 일요일 같은 경우는 새벽 5시, 6시에 출근을 해야 돼요. 그리고 끝나는 시간이 밤 12시, 1시예요. 다 마무리하고 와야 되니까. 그리고 나는 예약[담당]이니까 또 월요일도 또 출근을 해야 돼. 근데 애는 갈 데가 없잖아. 동네 아줌마한테 맡겼더니 쉽지가 않더라고. 그래서 데리고 출근을 하면 뷔페 카운터가 있으면 그 옆에 창고가 있어요. 그 창고가 불이 안 들어와. 문을 닫으면 깜깜해. 근데 손님들이 있는데 애가 뛰어다니면 안 되니까 손님 오기 30분 전에 애를 집어

넣어요, 그 안에. 한 네 시간을 애가 그 안에 있어야 되는 거야. 밥도 못 먹고, 아무도 신경 써주지 않고. 다섯 살 때부터 그렇게 자랐으니까 그니까 난 우리 애가 그런 상황 속에서도 밝게 커준 게 나는 너무 고맙지. 너무 고생을 했는데 나 따라다니면서 고생을 너무 많이 하고 구박도 많이 받고 했는데 그렇게 자라준 게 너무 고맙지.

그니까 어느 날 응, 어느 순간 이제 노후가 걱정이 되기 시작한 거예요. 돈도 돈이지만은 돈이야 벌어가며 살면 되지만 '아, 내가 아무것도 할 수 없을 때 우리 애한테 기대기는 너무 애가 불쌍한데' 그런 생각이 드는 거……. 어릴 때도 이렇게 우울하게 자랐는데, 커서까지 엄마 하나 때문에 애가 고생해야 되나 하는 생각도 들고…. 그래서… 남자를 사귀고 싶었어요, 사실. '이 정도 되면 나도 즐길 수 있을 때 되지 않았을까' 하는 생각에. 이제 부동산을 거의 10년 정도 했으니까, 그 전에는 대출을 끼고 집을 산다는 거조차도 몰랐던 사람이 부동산을 하게 되면서 '아, 대출을 끼고 집을 사서 좀 오르면 팔고 옮기고 이렇게 하면서 재테크가 되겠구나' 그걸 알게 된 거야.

면담자   부동산으로 직업을 옮긴 이유는 따로 있으신 거예요?

동혁 엄마   아니요. 뷔페 일을 하다가 저희 사장님이 저를 굉장히 좋게 보셨어요. 좋게 보셔가지고 신문사 기자 모집 그걸 갖다준 거야. "미스 김, 이거 해봐라"고. 대신에 그만두지는 말고 주말엔

알바 나오라고. 왜냐면 저는 스티커 붙이고 계산하고 이런 건 진짜 천재적으로 잘했거든.

그니까 그거 하라고 해서 갔더니 제가 다니던 직장이 어디냐면, '벼룩시장' 산하에 있는 예전에는 ≪안산포커스≫였는데 지금은 ≪안산정론≫인가 그럴 거예요. 그 사장님이 "애 있는 거 얘기하지 마라. 그냥 아가씨로 다녀라" 왜냐면 '벼룩시장'은 아가씨들이 다 일하는 직업이잖아. 전화받고, 거기서 같이 사무실을 써야 되니까 내가 그 애 키우는 엄마인 줄 알면 다 무시하고 그럴 거다. 그러니까 니가 일하기 편해서라도 공무원을 만나건 뭐 하건 간에 그냥 결혼 안 했다고 해라. 30대 초반이니까. 그래서 "아, 네 알겠습니다".

면담자   그때는 아이가 몇 살쯤 이었나요?

동혁 엄마   그때 애가 초등학교 1학년? 초등학교 1학년 입학할 때 사진을 나는 가가지고 찍어가 그걸 기사화했으니까(웃음). 그때 내가 기자를 하고 있었어요. 그니까 입학하기 전에 시작을 했었겠지. 근데 애가 초등학교 1학년 말쯤 됐을 거예요, 겨울에. 이 신문이 너무 재미가 없는 거야. 시에서 주는 보도자료만 가지고 행사안내 이런 거만 하는 그거… 신문 아니잖아.

그래서 나는 생각을 한 거야. '뭔가 좀 더 재밌고 획기적인 게 없을까, 주간신문만의 특징이 없을까?' 해서 내가 사장님한테 건의를 했어요. "사장님, 기사화되는 큰 사건 말고 우리가 이해할 수 없는 좀 재밌는 그런 사건들을 우리가 모아서 내면 어떨까요?" 안산에서 일어나는 사건, 안산에서도 변사 사건이 굉장히 많이 일어나는데, 변사 사건을 떠나서 그 과정이 재밌고 참 희한하다 이런 거, 우리는 다루면 어떻겠냐. 좀 재미있어야 신문을 보지 않겠냐. 근데 경찰서에 누가 들어가냐는 거지. 일간지 기자들만 취급하는 경찰서에…. 진짜 좀 이 사람들은 되게 그런 게 있거든. "제가 해보겠습니다" 그래 가지고 이제 일간지 기자들하고 친하니까 부탁을 해가 "너거 몇 시에 출근하는데" 하니까 8시, 7시에 간대, 사건보고받으러. "나도 좀 따라가면 안 되나" 해갖고, 처음에 가갖고 진짜 구박도 많이 받았어. "주간신문 기자 주제에…". 〈비공개〉

그래서 너무 힘든 거야. 힘든데 갈 때마다 사건들이 기삿거리가 나오니까, 그렇게 하다 보니까 '뺑소니 사건 목격자를 찾습니다' 그거 광고를 내달래. 그래서 또 광고를 따게 된 거잖아? 그래서 내가 굉장히 능력이 있어 보이지, 사장님이 보기에는. 그래 굉장히 열심히 했어요. 열심히 하고 막 했는데 어느 순간, 그때 당시에 경찰서가 상록구, 단원구가 [나뉜 것이] 아니었어요. 안산경찰서였어요. 지금 저 단원구 경찰서 자리에 형사 1반부터 5반까지 있었어요. 근데 한 달에 한 번씩 각 반별로 회식을 하는 거야. 그럼 기자가 안 가면 안 돼. 그러면 한 달에 다섯 번, 여섯 번을 해야 되잖아요. 근데 예를 들면 형사 1반에서 하면 1반 반장님의 파트너가 저예요. 여자 기자는 거의 없으니까 주간신문 기자는 잘 안 들어오니까. 그니까 내가 밥인 거야. 근데 정말 맛있는 거란 맛있는 거는 다 먹고 룸살롱에서 따로 안주시켜 먹고 이럴 정도잖아.

우리나라 체제가 그래 갖고 그렇게 막 신나게, 나는 신나게는 아니지만 어쨌든 대접을 받고 집에 들어가면 애는 굶고 있는 거야. 아침에 나올 때 컵라면 하나에다가 텀블러 거기에다가 뜨거운 물 부어가지고 놔두고 나와요. 알아서 부어서 먹으라고. 그럼 알아서 부어서 먹고 자는 거야.

근데 그날은 새벽 2시쯤에 들어갔어요. 한겨울이었어요. 들어왔는데 문을 탁 열고 들어가니까 집 안이 막 엉망인거야. 반지하 방이었거든요. 이불 위에 라면 줄기가 흩어져 있고 국물이 막 흩어져 있고 애는 애대로 이래가[이렇게] 자고 있고. 반지하니까 요기 위에가 사람들이 걸어 다니는 길이잖아. 그래 나 항상 잘 때 요거 닫고 자라고 이러는데, 그건 다 열려가 있고 창문 열려 있고(한숨). 진짜 살기 싫더라. 그냥 같이 확 죽어뿌까 싶대(울음). 너무 내 화를 감당을 못 하겠는 거야. 〈비공개〉그날이 일요일이었는데 그다음 날 제가 그만뒀어요. '이게 무슨 소용이야. 밤늦게까지 이렇게 다니고 해본들 기자 월급 얼마 된다고. 안 하고 애 보는 게 낫겠다' 그러고 관뒀어요.

그러고 관두고, 돈 벌고 싶어서 이제 호프집을 차린 거야. 근데 1층을 차렸으면 괜찮은데, 돈이 많이 없다 보니까 2층에다가 해놓니까 약간 카페 형식이 돼버려 가지고. 오는 손님마다 같이 앉아서 술 먹자고 하고, 아가씨를 써도 너무 애를 먹이고 아가씨가 나왔다 안 나왔다 하고. 사실상 이렇게 한 달 마감을 하면 아가씨가 가져

가는 돈이 더 많은 거예요, 나보다. 그 정도로 장사가 안됐던 거지. 그래서 한 1년 정도 하다가 관뒀어요.

관뒀는데, 그 사장님께서 "니는 머리가 좋으니까 공인중개사 공부를 한번 해봐라"는 거야. 자격증 함[한번] 따보라고. 관심도 없었어요, 저는. 머리가 철이 늦게 들었던 거 같애. 그래서 그냥 따라 하니까 간 거예요. 따라 하니까 '뭐가 돼도 되겠지' 하고 그래서 딱 시험 앞둔 지 4개월 만에 들어간 거예요, 학원을. 4개월밖에 안 남았잖아. 근데 떨어지면 너무 자존심 상하잖아. 법학과 나와가지고 그것도 못 한다 할까 봐 진짜 열심히 했어요. 새벽 4시까지도 하고 그다음 날 가서 비디오로 보고 또 하고, 또 하고 해가지고 이제 합격을 한 거예요. 합격을 하고는 이제 일을 해야지 하고 했더니, 그거 돈이 없으면 못 하더만. 돈이 있어야 물건을 찍어서 좀 더 높은 가격에 팔고도 할 텐데 진짜 중개만으로는 못 먹고 살거든요. 땅을 배우러 갔는데 너무 온갖 비리들이 다 있는 거야. 땅 하나 계약하는 데 1억짜리가 1억 5000만 원이 돼가지고 중간에 "나도 소개했다, 나도 소개했다" 하는 사람 여덟 아홉 명 나타나가 자기들 중개수수료 달라 하고. 그조차도 나는 못 한 거야. 그조차도 끼지도 못하고 거의 2년을 땅을 배우러 다니면서 그냥 돈만 쓰고 다닌 거예요. 그니까 시화방조제 뒤에 매립해 난 데 있잖아요. 공룡알화석지 있는 데, 거기 차 세우고 진짜 많이 울었어요. '정말 진짜 너무 힘들다'. 돈 벌기가 이렇게 힘드나 싶고. 나는 자격증만 있으면 뭐든지 될 줄 알았는데. 그래서 이제 시작한 게 이제 남 밑에 실장으로 들어간 거지. 월급 80만 원 받고, 니가 한 거에 [성과급으로] 플러스 알파. 그걸 한 1년 전부터 하다가 '도저히 안 되겠다. 차리자' 이래 가지고 이제 [안산시 와동] 열녀문사거리에 '큰언니부동산'을 차린 거예요.

제가 우리 큰언니한테 "니 놀제, 올라올래?" 하니까 올라온다 하더라고. "같이 하자" 이래 가지고, 근데 이제 내가 사장인데 큰언니를 실장으로 부르면 그렇잖아. 그래서 또 큰언니부동산이라고 하면 큰언니면 남들 보기에 사장처럼 보이잖아요. 그래서 큰언니부동산이라고 내가 이름을 지은 거야. 그니까 이름을 뭐 그래 촌스럽게 짓냐고 이랬는데 이름 때문에 사람들이 많이 오는 거야. "저희 큰언니 생각나서요". 전화 오시는 분들도 지나가다가 간판 보고 전화했다고. 그러고 아침에 보통 부동산은 10시쯤 되면 출근하잖아. 근데 저희는 7시 반에 출근했어요. 큰언니가 엄청 악착같애. 그래 갖고 명함, 거 다 다가구주택들이잖아. 명함 붙이러 다니고 열심히 했어요. 그러다 보니까 한 6개월 정도 되니까 수입이 생기기 시작하더라고. 어떤 날은 한 달에 600[만 원]까지 갈 때도 있고. 어떤 날은 뭐 한 건 해가 1000만 원 될 때도 있고. 그럴 때도 있었어요. 그리고 평균적으로 그래도 300, 400[만 원] 이상은 가져갔지.

그러면서 이제 큰언니 잔소리가 너무 싫어 가지고 내가 막내다 보니까 진짜 밖에서 밥도 못…. 이제 내가 실장인거야. 그니까 주객이 전도돼 가지고 언니 눈치를 너무 봐야 되고, 언니가 우리 집에서 살았고 엄마도 내가 모시고 살았고. 〈비공개〉 언니가 놔두면은 맘 편하게 일해도 된다고 [가게를] 주고는 나는 또 다른 데 가서 차리고 그리고 선부동에서 차려가지고 일하던 와중에 동혁이 아빠를 만난 거예요.

7
남다른 가족 구성

면담자   동혁 아버님은 어떻게 만나셨어요?

동혁 엄마   〈비공개〉 [동혁 엄마의 아들 ○○가] 대학교 2학년 때 여자 친구 생겼다고 데리고 와가지고 우리 가게에서 짜장면을 사 줬더니 먹으면서 [내가] 여자 친구한테 장난처럼 얘기했지. "○○ 은 엄마 혼자밖에 없는 거 알지?" 하니까 "네" 이러더라고. 걔는 1학년이야. 애는 2학년이고 "네" 이러길래 "근데 나는 우리 아들 결혼하면 둘이 같은 집에 살 건데" 하니까 짜장면을 이렇게 먹다가 "오빠가 엄마하고 같이 안 산다 했는데요"(웃음). 그니까 우리 아들 딱 보니까 얼굴이 뻘개 가지고 "그런 말을 왜 여기서 해. 니하고 한 말이잖아. 엄마, 아니야, 아니야. 애한테 그런 말 한 적 없어" 중간에서 어쩔 줄 모르는 거야. 그 순간 나는 웃으면서도 생각이 드는 게 '아, 그래 나도 내 앞날을 생각을 해야 될 때구나. 이렇게 살아서 될 일이 아니다' 하는 생각이 들면서 내 노후를 나도 생각을 했는데, '누군가한테 나도 기대고 살고 싶은데' 이런 생각이 들었어요.

그즈음에 동혁이 아빠를 만난 거지, 그즈음에. 그래서 동혁이 아빠 만나서 얘기를 들어보니 애들이 어린데다가 보통 사람은 피해야 될 조건인데, 나는 무슨 생각을 했냐면 우리 애는 엄마가 필요할 때 옆에 있어 주지 못하고 난 돈 벌러 다녔잖아. 그래서 애가 커오는 그런 과정을 샅샅이 알지 못해요. 우리 엄마가 다 알지, 거의. 외갓집에 맡겨놓고 가고, 우리 엄마가 내가 안산에 올라오고 한 2, 3년 뒤에 올라오셨거든. 〈비공개〉 그니까 그런 과정 속에서 내가 이 사람을 보는 순간 '아, 얘들도 엄마가 참 필요한 애들이구나' 하는 생각. 그리고 '아빠 닮았으면 착하겠지' 그렇게 생각했어요. 그래서 아빠 하나만 보고 그냥….

근데 난 내 꿈이, 제 고등학교 때 꿈이 현모양처였거든요. 그거 한번 실현해 보고 싶은 거야. 나도 한번 그렇게 사람답게 한번, 아줌마답게 주부답게 한번 살아보고 싶은 거야. 그래서 덥석 결정을 하고 보니, 이 사람이 직장은 탄탄한데 빚이 있는 거예요. 〈비공개〉 그때 당시에 [동혁 아빠의 딸] △△이가 중학교 1학년, 동혁이가 중학교 3학년. 동혁이는 눈에 초점이 없고 게임을 너무 좋아해서 인사를 하면서도 막 불안한 거야, 게임을 안 하면 불안한 거야. 그리고 △△이는 새침하기가 그지없고 껌 씹어가지고 똘똘똘똘 말아가지고 있잖아요. 책상 밑에다가 다 던져놓는 거야. 책상 밑에 과자 봉지랑 껌 종이가 거짓말 안 하고 이만큼 있더라고(한숨). '나 여기 잘못 왔네, 우짜노' 싶대, 보는 순간. 그리고 애들이 너무 안쓰럽고.

그래서 그거 딱 보는 순간, '방 내놓고 바로 집을 합치자' [생각했

47

어요]. 근데 그때 내 집은 방 세 칸짜리 그 연립인데요. 그냥 혼자 멋있게 살아볼려고, 그 집은 사놓은 지 오래됐었어요. 근데 이제 세입자 나가고 내가 1200만 원을 주고 리모델링을 다 했어. 하면서 혼자 살고 우리 애 하나니까 방이 세 개가 필요 없다 아이가. 그러니까 거실이 작으니까 방 하나를 거실 방을 터가지고 거실로 만들어버렸어. 방이 두 개밖에 없잖아. 그래도 [동혁이 아빠네가 살던] 그 집보다는 넓으니까, 그래서 다 내려오라고 이래 해갖고 하루아침에 집을 다 합쳐버렸어요. 그리고 그거 내놨어요, 집을. 방을 내놓고, 이제 [동혁이 아빠랑 애들이] 그 집에 6년을 살았대. 근데 이제 좋은 집에 이사 오니까 애들은 좋지. 왜냐면 리모델링한 새 집이고 좋은데, 이제 방 때문에 문제지. 근데 당연히 여자애가 방을 차지를 해야 되잖아. 그러다 보니까, 우리 동혁이 한참 사춘기인데 거실 방을 이제 써야 되는 거죠. 거기에다가 침대 하나 넣어주고 해가지고 그렇게 시작이 된 재혼이었어요, 재혼이.

근데 그때 당시에 우리 아들이 군대 간다고 집에 놀고 있었어요. 휴학하고 이제 집에 와 있었는데 한여름이었던 거 같애. 7월 7일 날 합쳤어요. 동혁이는 나를 만나자마자 얼마 안 돼서, 내가 지 밥을 해주기 시작하면서 바로 엄마라고 불렀어요. 그리고 내 눈치를 보고 내가 좋아하는 게 뭔가를 생각을 하고. 근데 단 한 가지 못 고치는 게 게임. 그래서 동혁이한테 몇 개월 동안 시간을 뒀어요. "너 하루에 두 시간만 해" 근데 못 고치더라고, 안 되더라고. 그리고 EBS라는 걸 모르는 애들인 거예요. EBS 교재를 사 주고 EBS를 다시보기를 가르쳐주고 해가지고, 해라 하니까 그거 한다고 틀어 놓고는 내가 퇴근해서 가면 탁 창을 내리는 게 보이는 거야. 그리고 중요한 건, 동혁이 아빠는 컴퓨터를 하나도 할 줄을 몰라요. 근데 저는 한동안 컴퓨터 자격증 방문 교사를 했었거든. 워드하고 컴활하고 이런 거. 그니까 알지 나는. 그래서 보면 어디 들어갔는지도 알잖아. 열어본 페이지 보면 다 나오는데 게임만 하고 있었던 거야. 그래서 한 세 번을 내가 "고쳐라 고쳐라" [해도] 안 되길래, "이번에 못 고치면 니랑 내랑 합의하에 컴퓨터 없애자". 지가 "네" 하더라고. 또 못 고친 거야, 또 들킨 거야. 그래서 컴퓨터 없앴어요.

컴퓨터 없애니까 [이제는] 이불 밑에서 휴대폰 가지고 하는 거야. 그래서 또 합의하에 휴대폰을 없앴어. 그리고 대신 준 게 MP3였어요. '음악 듣고 다녀라' 그러면서. 이제 내가 '히든싱어'를 보면서 "동혁아, 이거 너무 재밌어" 휘성 편을 난 되게 좋아했거든. 너무 재밌어하니까 끌고 가갖고, "보자" 그니까 이제 그거 보면서 '가슴 시린 이야기' 그 노래에 애가 필이 꽂힌 거야. 그리고 '히든싱어' 보면 되게 멋있잖아. 거기에 나온 노래하며 요즘 나오는 애들, 우리 동혁이 내가 처음 만났을 때 '소녀시대'가 누군지도 몰랐어요, 진짜. 아예 게임 외에는 아무것도 관심 없는 아이.

심지어는 첫날 밥 먹으면서, 내가 밥을 준비하면서 "동혁아, 상 펴라" 이랬거든. 그랬더니 그 상을 들고 가갖고 서 있는 거야. 방한가운데서. 그래 △△이가 "오빠, 상 펴라니까" 이랬어. 그래서 내가 "동혁아 상 안 피고 뭐 하노?" 하니까 내 눈치를 보더니 "이거 어떻게 펴요?" 왜? 상 펴서 밥을 먹어본 적이 없는 거, 지가 직접 상 펴서 먹어본 적이 없는 거야. 왜? 컴퓨터에 밥 비벼 가갖고, 가갖고 라면 끓여 가갖고, 가갖고 거기서 먹으면서 컴퓨터 했으니까. 왜? 아무도 안 봤으니까. 아빠는 늦게 들어오시고 한번 확 혼내고 끝이니까. "이 새끼 너 그럴래" 하고 돌아서면 끝이에요, 동혁이 아빠는. [그리고] 5분도 안 돼서 또 막 이렇게 [다정하게] 해. 그니까 안 고쳐지지. 그래서 내가 '상을 피는 걸 모르나' 하고 기가 찼었어요. 가르쳤지, 또.

그래 밥 먹고 나서 물 가지고 오래니까, 우리 집이 홈바처럼 다 있잖아, 냉장고에. 그걸 열 줄을 모르고 문을 이렇게 여니까 냉장고 같이 안에 보이는데 물이 저 안에 어떻게 꺼내야 될지를 모르는 거야. 문을 닫고는 또 멍하니 서갖고 이제 보고만 있는 거야. 그니까 남들이 보면 약간 떨어지는 아이라고 했을 거야. 근데 전혀 그런 게 아니라 게임 중독으로 인한 다른 데 관심이 없어진 아이예요. 그래서 휴대폰까지 진짜 모질게 없앤 거지.

없애고 나니까 애가 '소녀시대' 이야기를 하기 시작하고, 걸그룹 애들 이야기, 뭐 '에프엑스[f(x)]'가 어쩌고저쩌고 얘기하고, 노래를 흥얼거리기 시작하고, 그리고 사람을 만나기 시작하는 거야. 그러더니 학교에서 농구를 하고 오고 그러면서 5반에 민석이라는 아이 이야기를 많이 했어. 민석이가 너무 농구 잘해서 부러워 죽겠다고, 자기도 농구 잘하고 싶다고. 그러면서도 틈틈이 게임에 대한 집착은 있는 거지.

한 달에 한두 번 그 반월에 사는 친구가 하나 있어요. 〈비공개〉
걔는 동혁이 죽고 나서 처음 봤어요. 저는 장례식장에서. 그 전에
는 개 얼굴은 못 보고 "××가 이사 가서 거기 있는데 ××가 얼굴
보재요" 걔는 반월고등학굔가 거기 갔거든요. 그니까 [동혁이가] "자
고 와도 돼요?" 동혁이 아빠는 절대 자고 오는 거 안 돼요. 근데 저
는 돼요. 왜? 고생했잖아, 마음고생. 실컷 [게임]하고 오라고. 갔다
오면 또 애가 또 막 게임에 집착하기 시작하고 막 이러더라고. 그
래도 보냈어요. 그니까 유일하게 게임 친구는 개밖에 없는 거야.
그렇게 갔다 오고 하면서 애가 좀 많이 달라졌죠. 현실적으로 바뀌
기 시작하고. 그리고 얘 둘이는 '사도신경', '주기도문' 이런 것도 못
외우고 그러는데도 모태신앙이에요. 〈비공개〉 그니까 애들이 모태
신앙인데 주기도문, 사도신경 우리 한 번씩 하잖아. 예배드리기 전
에 다 하거든요. 안 해요, 못 외워. 그니까 관심이 없으면 신경도
안 쓰는 아이들. 근데 주일 날 교회는 죽어도 가는 아이들. 그니까
이게 좀 애들은 어떻게 꾸미면 잘되겠다는 생각이 정말 많이 들었
어. 〈비공개〉

8
착한 아들 동혁이, 그리고 세월호 참사

동혁 엄마　　　동혁이는 생각을 하면, 동혁이 아빠하고 나하고 예

견을 해서 한 게 아니라, 같이 살면서 동혁이 아빠하고 나하고 둘이서 담배 피러 밖에 나오거든요. 애들은 우리 담배 피는 거 모르니까 나와가 공원에 가가[나가서] 둘이서 피고 들어가고 이러거든. 공원에 나가서 늘 하는 얘기가, "△△이는 성격 고치기 참 힘든데 그냥 내한테 주어진 십자가라 생각한다"고…. 내가 딸이 없잖아. 어떻게 보면 딸을 안 키워봤잖아. 하나님이 한번 키워봐라고 준 거 같애. 〈비공개〉 동혁이는 정말 말랑말랑한 애거든요. 되게 소프트하다고 해야 하나? 그리고 정서가 굉장히 공감이 아닌, 동감을 잘하는 애. 내 마음하고 똑같은 마음으로 얘기하는 애. 그래서 동혁이 아빠하고 얘기할 때 그 얘기를 해요. 〈비공개〉 애가 넷이나 있어도 하나는 시집갔으니까 없다 치고, ○○은 지 나름대로 지 살길 찾을 애고, 동혁이 같은 경우에는 "여보, 그 옛말이 생각난다. '등 굽은 나무가 선산 보살핀다'고 약간 모지래는 자식이 부모 생각하고 위하고 부모 곁에서 지켜준다. 나는 동혁이를 등 굽은 나무로 본다, 여보. 그래서 동혁이 어디 모자라고 조금 남들 보기에 재는 너무 맹하지 않아? 이렇게 얘기해도 나는 내 눈에는 그거는 고칠 수 있는 거고. 전혀 재는, 재가 우리한테는 효자라는 생각을 내가 많이 한다"고. "믿을 놈은 동혁이밖에 없다"고 내가 그랬어. 〈비공개〉 그래 동혁이 아빠가 요즘에 하는 얘기가 "그때 왜 당신이 그런 얘기를 했을까. 왜 우리가 동혁이에 대해서 그렇게 생각했지? 그래서 제일 착하고 그래서 먼저 데려갔나?" 이렇게 얘기를 하거든.

나는 동혁이 인생에 대해서 생각하면 [동혁이가] 16년 4개월 15

일 살다 갔다 하더라고, 동혁이 아빠가 세보니까. 그쯤이면 여자 친구, 이성에 대한 그런 재미도 알 나이고, 한 번쯤은 담배도 입에 대봤을 나이고, 커피는 뭐 그냥 중독처럼 마셨을 그런 나이잖아요. 근데 우리 동혁이는 진짜 맹세코 여자애한테 관심조차 없었어요. 내가 수학여행 가기 전에 우리 ○○이 옷을 다 입혔거든. 멋있게 보이라고. 애가 군대가 있으니까 비싼 옷[은] 집에 놔두고 갔잖아. 그거 다 입히고 가방도 "동혁이 거[로] 해" [해서] 갖고 갔어. 그래 가면서 "이렇게 해주는 대신 동혁아, 여자 친구 만들어 오기" 하니까 너무 어려운 숙제를 준대. "아니, 너 마음에 드는 애 없어?" 하니까 다 이쁘대, 자기 학교 애들. 그니까 다 이쁘다는 거는 다 관심 없다는 거예요, 얘는. 오로지 게임, 틈만 나면 게임만 좀 더했으면 이런 생각이니까. 그래서 "동혁아, 꼭 여자 친구 만들어 온나" 하면서 내가 그러고 보냈어요.

그니까 아예 거기에도 관심이 없었고 담배는 냄새도 싫어해요, 얘는. 아빠가 안 피는 줄 아니까 그니까 담배 피는 사람 근처에도 안 가는 거지. 그래서 처음에 고등학교 들어가 갖고 자기 반에 담배 피는 애가 있다는 거야. 애가 놀래가지고 나한테 일러주더라니까. 담배 피는 애들이 있어서 선생님한테 불려 가고 막 그랬대. 거기다가 커피? 어른들만 먹는 건 줄 알았어요, 우리 동혁이는. 그래서 이제 고등학교 들어가고 나서 애들이 왜 커피를 이렇게 탁 책상에 놓고 가고 하잖아, 친구들이. 그래서 민석이라는 아이가 커피를 한 번 사 줬나 봐, 자판기 커피를. 억수로 맛있더래. 그러면서 그날

와서 "엄마, 나 커피를 마셨는데 너무 맛있더라. 아빠한테 절대 얘기하지 마세요" 아빠한테 혼난대. 그 정도로 어리석었다니까. 그래서 내가 "커피는 동혁아, 공부하다가 졸리고 그러면 한번 마실 수도 있는 거고, 커피는 기호식품인데, 왜 그래?" 하니까 아빠 싫어한다고. 아니나 다를까, 저녁때 [동혁이가] "아빠, 민석이가 나 커피 사줬어" 하니까 [아빠가] 뭐라 하는 거야. "커피를 왜 마시냐, 스무 살 이후 돼서 마셔도 충분한데, 입에도 대지 마라"고 그러니까 "네, 다음에 먹을 때 아빠한테 말씀드리고 먹을게요". 그 이후로 우리 집에 커피가 있잖아, [아빠가] 자기는 마시잖아. 애들 보는 데서 그러면 지도[동혁이도] 마시고 싶다 아이가. 그러면 내한테 와가지고 "엄마, 저 커피 한 잔만 마시면 안 돼요?", "니가 타 무라", "제가 타면 먹어도 돼요?", "그래 한 잔만 먹어라", "네, 고맙습니다. 허락해 주셔서 고맙습니다" 이랬다니까, 걔는.

그니까는 생각해 보니까, 깨알같이 재미있는, 인생에 있어서 깨알같이 재미있는 일들이 많잖아요. 우리가 살아가면서 고통이 있는 만큼 그만큼 또 기쁨도 있고 살아. 그런 의미에서 사람들이 삶의 끈을 쉽게 놓지 못하는 게, 뭔가 더 재밌는 세상이 있을 것 같고 이렇잖아. 근데 내가 겪어본 아주 재밌는 일들은, 동혁이는 한 번도 안 해보고 간 거잖아. 여자 손도 한 번 못 잡아보고, 겨우 내하고 뽀뽀한 게 다야. 그러고 간 걸 생각하면 진짜 너무 억울한 거야. 이 착한 애를.

그래 다른 집에 얘길 들어보면 금연수업 나갔다는 둥, 여자 친

54

동혁 엄마 김성실

구 만나갖고 뭐, 집 나가서 1박 2일 만에 들어왔네 뭐 그런 거 들으면 '아, 저 집안은 애를 참 저렇게 키웠구나' 이게 아니라, 부러운 거 있지. '아, 우리 동혁이도 좀 말 좀 안 듣고 가지, 좀 애 좀 먹이다가 가지, 왜 그렇게 어리석게 살다 갔을까' 하는 생각이 드는 거 있죠.

그래서 보니까는 이게 △△이한테도 문제가 생기는 거야. 혼내야 될 일인데 혼을 못내요. 동혁이로 인해서 사람이 언제, 얼마만큼 살지를 모른다는 걸 우리는 알았잖아, 경험으로 아니까. 예전에 내가 늘 하는 말이 있어요. "5년 고생하고 50년 편하게 살래, 5년 편하게 살고 50년 거지같이 살래?" 하면서. 내가 "유모차 길에 돌아다니는 거 미리 갖다놔라. 너거 5년 동안 편하게 살고 50년 동안 그거 끌고 다녀야 될 거 아니냐"고 이런 식으로 내가 얘기했던 사람인데, 그 말을 △△이한테 못 하는 거야. 왜? 그 말 한 걸 동혁이 아빠는 후회를 하고 있으니까, 지금. 굉장히 단순한 사람이니까. 그리고 휴대폰을 서로 합의에 의해서지만, 지는 뺏겼다고 생각할 거 아니야. 그걸 또 후회를 하는 거예요, 후회를 하고.

△△이가 휴대폰 관리가 잘 안돼. 내가 맨날 △△이보고 이러거든, "니 영혼 털린다, 영혼 털린다" 그러거든. 진짜 그 정도야. 손에서 놓지를 않아. 11시 되면 안방에다 반납해. 잘 지키긴 해요. 근데 11시 안방에 반납하러 가서 30분 뒤에 나오는 애(웃음). 헤어지기가 싫어 가지고 휴대폰하고. 그래서 내가 "너무 이런 식으로 하면 여보, 계속 안 지키면 하루 정도는 휴대폰을 안 줄 수도 있어야

된다" 하니까 질색팔색을 하더라고. 자기는 다른 애들 다 올라왔을 때 휴대폰이 올라오고 거기에 사진도 있고 이런 게 억수 부러웠던 거야. 근데 우리 애는 MP3를 손에 쥐고 올라왔어요, 그 처음에 그거 [수습되어] 나왔을 때.

그게 참 동혁이하고 내하고의 끈끈한 뭔가는 있었나 보다 하는 생각이 [드는 것이] 단 2년 살았어도 제일 많이 부딪힌 게 동혁이에요. 제일 만만했던 게 동혁이고. 내가 밖에서 안 좋은 일이 있거나, 손님들하고 속상한 일이 있어서 집에 들어가 말이 하기 싫어, 하루 종일 말했잖아. 그래 집에 가면 말하기 싫지, 부동산 하니까. 그럼 이제 말을 둘이 서로 막 얘기하거든 "엄마 오늘 어쩌고저쩌고" 막 얘기하는데, 동혁이는 내 얼굴을 딱 보고 유일하게 물어보는 애예요. "엄마, 오늘 무슨 일 안 좋은 일 있었어요? 기분 나쁜 일 있었어요? 엄마 얼굴이 왜 그렇게 안 좋아 보여요? 어디 아프세요?" 또 내가 아프다고 누워 있으면 "편찮으세요? 약 사 올까요?" 아무도 안 물어봐. 동혁이만 물어봐요, 나한테. 개만 항상 그랬었다고.

그랬던 얘기 때문에 그 애가 그렇게 없어졌을 때, 사실은 나는 단원고등학교 가서 버스를 타는 순간부터 이거는 보통 일이 아니라는 걸 느꼈어요, 선생님들의 행동을 보고. 선생님들… 선생님들답지가 않은 거야. 보통 같으면 그때 그 학교에 모였을 때도 선생님들이 나서서 "1반 여기 모이세요, 2반 여기 모이세요" [했을 건데]. 부모들끼리 뭉쳐야 돼요, 원래는. [그런데 선생님들은] 아무도 안 나섰어요. 누가 누가 몇 반 부모인지도 모르고 중구난방 그냥 버스에 그냥 때리 싣고 내리간 거야. 내리가면서도 고잔역? 고잔동사무소 있는 하천가에서 한 20분인가 자기들끼리 의논하고 뭐 했는지 몰라. 난 진짜 궁금해. 선생님들끼리 그때 뭘 주고받았는지. 그래서 내가 고함질렀어요. 빨리 출발 안 하냐고. 다시 출발했는데 매송 IC[나들목]에서 한 2, 30분 또 똑같은 상황이었어요. 그때 내가 느꼈어요. '아, 우리한테 숨기는 뭐가 있다. 이거 뭐가 있구나, 큰일이구나. 보통 일 아니구나'.

가던 중에 차웅이 사망 소식[을 들었어요]. 차웅이가 우리 반에 있었잖아. [차웅이 부모님도] 우리 교실이랑 우리 탄 차에 있었어요. [그때는] 우리 반인 줄도 몰랐어요. 근데 선생님들이 차를 세우더니 올라오더니 "정차웅 어머니 누구시냐?"니까, 손 드니까 "아, 네" 하고 그냥 내려가는 거야. 인터넷에는 이미 떴어, 차웅이 사망했다고. 그럼 그 사람 체육관까지 팽목까지 데리고 가서 어쩌겠다고. [그런데] 그냥 내려가더라니까. 그래서 동혁이 아빠가 "여보, 차웅이 죽었어. 어떡하지?" 억수 불쌍한 거야. '우리 애는 살아 있는데 쟤는 벌써 죽었구나'. 그래 갖고 우리가 얘기해 줘가지고 목포 톨게이트에서 내려서 가신 거야, 그분들도.

그래서 내가 '아, 왜 이렇게 거짓말을 많이 할까? 이 사람들. 왜 이렇게 자꾸 속이지?' 그런 생각을 하면서 나는 상상을 했어요. '만약 애가 못 돌아오면 어떡하지? 지금부터 내가 어떤 식으로 행동을 해야 되지?' 왜? 내가 낳은 내 새끼고 그러면 내 마음대로 행동해도 돼. 내 나오는 대로. 근데 그게 아니기 때문에 '이 사람이 나를 어떻

게 볼까, 다른 사람들이 알게 되면 나를 어떻게 볼까' 그런 피해의
식이 있었어요. '어, 왜 나한테 이런 일이 생기지? 이제 좀 살 만한
데, 아 미치겠네' 그러면서 이제 우리 아들한테 연락하고. 그때 의
경 하고 있었으니까 경찰서에서 내려가 보라 했다더라고. 그다음
날 우리 아들이 내려왔더라고요. 그래서 내려가 있는데도 눈치가
보이는 거야. 근데 이 사람은[동혁 아빠는] 뭘 하고 있냐면 이렇게
엉덩이 치켜들고 기도만 하고 있는 거야, 체육관에서. 첫날 [부모들
이] 팽목항에서 그렇게 기다리고, 바지선 타고, 뭐 배 타고 바지선
있는 데까지 들어갔다 나와가지고 [하는데], 그다음 날 우리는 체육
관으로 옮겼어요. 근데 기도만 하고 있더라고. 근데 다른 좀 적극
적인 부모들은 왔다 갔다 하고 난리인 거야. 그걸 보고 미웠어요,
동혁이 아빠. 무능해 보였어요. 내 새끼 같으면 나 이래[이렇게] 안
있는데…….

　하루에 서너 번 이상 올라와서 브리핑하는 해경 대변인? 난 죽
이고 싶었어요. 바로 아닌 거 알았거든, 거짓말인 거 알았거든요.
전부 다 하는 게 거짓말인 게 느껴졌었어. 그래서 나도 모르게 동
혁이 아빠한테 그런 얘기를 한 적이 있어요. "내가 부모라면 나는
저 새끼 밖에 안 내보낸다. 휴대폰 뺏아가지고 휴대폰 조회 다 하
고 '니보다 높은 놈 오라 해라. 안 그러면 안 풀어준다' 나는 그랬을
거 같다" 근데 부모들은 안 구해줄까 봐, 말을 잘 들어야 구해준다
고 [생각해서] 누가 욕이라도 하면 "욕하지 마라"고. 다른 부모가 "욕
하지 마!"라고 하면서 막 그렇게 해서 "애들 안 살아 돌아오면, 니

가 책임질 거야?" 이러면 우리끼리 싸우고 막 그러는 상황이야. 동혁이 아빠는 고개만 숙이고 있는 거야.

'72시간' 얘기했어요, 골든타임. 딱 3일째 되는 날 내가 동혁이 아빠를 보다 보다 못해가 찔렀어요. "일어나라, 움직여라. 끝났다 이제. 지금까지 안 돌아온 거는 끝난 거다. 애 죽었다. 어떻게 할래? 니 그러면 부모로서 나가라. 나가 팽목항 가서 어떻게 돌아가는지 알아보고, 그거 여기다 전해주고, 여기서 어떻게 되는지 사람들 만나서 이야기 듣고 빨리 정보를 캐라. 그거밖에 방법이 없다. 애라도 데리고 가야 될 거 아니냐?"고. 내가 그랬더니 내 눈치를 봐가지고 슬금슬금 일어나. 〈비공개〉 그래서 팽목항을 가더라고.

왔다 갔다 하면서 조금 나서니까 이제 그때서야, "아!" 우리가 [서로] 옆에 누군지도 모르고 앉아 있었던 거야. 선생님들도 나서서 [정리를] 안 해줬던 거야. 그래서 1반, 2반 [반별로 부모님들을] 모으기 시작했어요. 우리가 나서서. 그러면서 1반, 2반 이거[명찰을] 만들어달라 하는데 그것도 시간 걸리고 있잖아, 프린트가 안 된다는 둥 어쩐다는 둥, 안 해줄려고. 그리고 비상연락망 달라 하니까 그것도 "내일 오라, 모레 오라" 겨우 비상연락망 받아가지고 보니까 비상연락망에, 비상연락망이 지[애들] 전화번호가 적혀 있는 애들이 너무 많은 거야. 그리고 우리처럼 이혼 가정 있잖아? 그러면 엄마가 그 여자[동혁이 친모]로 돼 있는 경우도 있고, 내 이름이 없어요. 그 여자 이름으로 돼 있어요.

면담자   어머니, 이 얘기는 다음 구술에서 좀 더 자세하게 얘기를 해주시면 좋을 거 같아요.

동혁 엄마   그래요. 얘기를 시키면 끝도 없을 거 같아서.

면담자   다음에 더 자세히 부탁드리겠습니다. 오늘은 여기까지 하겠습니다.

동혁 엄마   고생하셨습니다.

2회차

2015년 9월 18일

1
시작 인사말

면담자 　　본 구술증언은 4·16 사건에 대한 참여자들의 경험과 기억을 기록으로 남김으로써 이후 진상 규명 및 역사 기술에 기여하고자 합니다. 지금부터 김성실 씨의 증언을 시작하겠습니다. 오늘은 2015년 9월 18일이며, 장소는 안산시 단원구 양지지역자활센터입니다. 면담자는 김향수이며, 촬영자는 오혜진입니다.

2
근황

면담자 　　지난 화요일에 인터뷰하시고 어떻게 지내셨어요?

동혁 엄마 　　참, 그때 이후로는 마음속에 응어리가 있어서 그런지 억지로 나오거든요, 억지로. 억지로 나오는데, 억지로 나오는 이유는 아무하고도 얘기하고 싶지 않아서(웃음). 근데 또 나와서 누군가가 또 말을 시키고, 내 눈을 보고 있으면 나도 하염없이 얘기가 나오는 거 같은 거야. 늙을수록 말을 많이 하면 안 된다는데 그게 자꾸 생각나. '내가 왜 이렇게 변했지?' 하는 생각. 그 생각하면서 [구술이] 두 번 남았다 했잖아요. 어제 수현이 아빠 만났는데 수현이 아빠한테 얘기했더니 "세 번 하는데?" 이러더라고요. 두 번 남았다고 해서 생각해 보니까, 해야 될 얘기는 많은데 할 얘기는 없는 마음… 뭐 그래요.

3
수학여행 준비 과정

면담자　　오늘은 그 수학여행 준비했던 이야기를 들려주세요. 우선 사건 당일에 어떻게 소식을 들으셨는지요?

동혁 엄마　　4월 15일이죠. 4월 15일. 14일 날 준비를 해야 됐었죠. 〈비공개〉 [동혁이도 수학여행을] 그래서 가기로 된 거예요. 가기로 되고 14일 날 이제 수학여행 짐을 싸면서 가방이 큼직한 거 없냐 하면서 캐리어 가져가래니까 캐리어는 또 싫대. 그러더니 이제 지네 형 거 주면서 "이거 쓸래?" 하니까 쓴다더라고. 그러더니 빨래를 다 내놓는 거야, 그다음 날 입고 갈 걸 그 밤에. 애가 굉장히 생각이 아주 [재빠르고] 그렇지는 않아. 그래서 내놓길래 내가 "이걸 지금 내놓아 가지고 언제 빠냐고 어제 내놨어야지" 이랬더니 어제는 깜빡했다고. 우리 애들 특징이 깜빡했다예요. "깜빡했어요, 죄송해요" 이러는 거야. 그래서 "그냥 있는 옷 챙겨" 이러고 돌아서는데 갑자기 [동혁이 형] ○○이 옷이 생각나더라고. 그래서 이제 끄집어내 가지고 마음에 드는 거 다 입으라고 그랬더니 그래도 돼내. 그래도 된다고.

　　그랬더니 지 만나고 처음으로, 지도 태어나서 처음으로 패션쇼

를 한 거야. 옷을 입고는 "어때요? 이게 예뻐요? 저게 예뻐요" 하길
래 내가 여자 친구 좀 사귀고 오라고. 그러고는 이제 안방에 들어
갔죠. 들어갔더니 [동혁이 동생] △△이가 와가지고 밑에 여동생이
와가지고, 막 "엄마, 엄마" 하면서 배를 만지면서 막 이제 칭얼대고
하니까, 문 앞에서 딱 서서 보면서 "나도 그렇게 해줘요. 나도 쓰담
쓰담 좀 해주세요" 그래서 내가 미쳤냐고 징그럽게 "나도 뽀뽀 한
번 해주세요" 하면서 입술을 내미는 거야. 그래서 내가 "아, 그러지
마라"면서 그러니까 "지금 아… 해주세요. 지금" 안 그러면 잠 안
잔다고 그래서 내가 "니 갔다 오면 해주께, 갔다 오면 해주께. 너무
징그럽다야" 하면서 잘 갔다 오기나 하라고 그랬어요.

　그리고 그다음 날 아침에 간 거야. 그니까 수업하고 떠난 거잖
아요. 그러고 11시 반쯤 돼서 전화가 왔더라고, 배 탔다고 안개 때
문에 늦게 타가지고 이제 저녁 먹고 이제 뭐 불꽃놀이 하고 어쩌고
그래요. 내가 "너 뭐 먹었어?" 하니까 돈까스 먹었대요. "좋았겠네"
이랬더니 "네" 하더라고 그래서 동혁이 아빠가 "선생님 말씀 잘 듣
고 잘 있다 오라"고 그래서 저도 옆에서 "동혁이 잘 갔다 와" 하면
서 그랬더니 "네, 나중에 봬요" 이러더니. 갈 때 내가 얼마 주면 되
냐니까 2만 원 주면 된대(웃음). 단위가 굉장히 낮아요. 그래서 내
가 "2만 원은 좀 그렇고 3만 원 주께" 내가 그러면서 3만 원 주면서
"다른 애들은 많이 가져오는 애들은 10만 원 넘게도 가져올 거야"
내가 그랬더니 그걸 언제 다 쓰내, 다 못 쓴다고. 그러더니 "엄마,
이거 남겨 올게요" 이랬는데 그 전화기 속에서도 "엄마, 돈 남겨 갈

게요" 이러는 거야. 그렇게 보냈어요.

4
진도로 내려가 동혁이를 기다리며

동혁 엄마   그렇게 보내면서 이제 그다음, 그날 다음 날 새벽에
그런 일이 있었죠. 근데 다행히 다음 날 새벽에, 다음 날이 동혁이
아빠가 쉬는 날이었어요. 그니까 주일 날 일하고 평일에 한 번씩
자기가 원하는 날 쉬거든요. 그러니까 쉬는 날이니까 저랑 같이 부
동산 출근할 거라고 느지막이 9시쯤 일어난 거지.

동혁이 아빠는 TV를 딱 틀어놓고, 그니까 "단원고 수학여행단
침몰" 그걸 본 거야. 우리 집이 가까우니까 빨리 준비하라고, 가보
자고 해서 갔는데, 간 시간이 9시 10분 정도 됐을 거예요. 차를 가
지고 갔으니까, 그 가까운 거리라도. 근데 행정실에 학부모님이 한
서너 분 와 계시고 그리고 점점 이제 몰려드니까 체육관인가 어디
로 옮기라고 했잖아요. 옮겨서, 옮기는 과정에서 보니까 기자들이
엄청 와 있는 거야. 그래서 그때 순간 '이 사람들이 어떻게 알고 이
시간에 왔지? 우리도 이제 알고 왔는데 우리는 코앞에 있는데, 왔
는데 이 사람들 어떻게 알고 왔지?' 하는 약간 의구심이 들어서 '이
렇게 정보가 빠르고 이렇게 교통이 빠르나?' 하는 생각[을 했어요].

그리고 이제 교장선생이 [앞에] 서 있는 중에 동혁이 아빠 휴대
폰으로 문자가 오더라고. 단원고 먼저, 먼저 뭐 구조하고 있고 다

입혔다고, 구명조끼 다 입혔다고 그리고 좀 있다가 "구조되었습니다" 하고 교장선생이 마이크에다 대고 얘기하더라고. 교장선생이 다 구조됐다고. 그리고 이제 얘들 데리러 가야 된다고 여기저기서 막 그랬어요. 그러면 차를 하겠다면서 12시 조금 넘어가 차를 네 댄가 해가지고 내려간 거예요. 가는 과정에 제가 '좀 이상하다. 왜 중간중간에 쉬면서 자기들끼리 의논하고 우리한테는 단 한 마디도 안 해주지?' 그러니까 시간은 충분했어요. 내려가면서 몇 반 몇 반 구분할 시간도 충분했었고, 누구 엄마 누구 엄마 왔는지 사실 명단은 있어야 될 거 아니야. 근데 전혀 정말 아무것도 안 하고 있었다는 거지.

면담자   버스 네 대가 다 같이 내려간 거예요?

동혁 엄마   네. 같이 쭉 내려갔어요. 그러니까 네 대가 같이 딱 서가지고 자기들 선생님들끼리 내려서 쑥떡쑥떡쑥떡 하고, 부모들이 항의하면 그제서야 억지로 출발을 하는 거야. '참 이해가 안 가네' [그랬지]. 근데 이제 팽목항에 내려갔을 때 비가 약간 부슬부슬 밤에 왔었어요. 이제 텐트가 크게 준비된 게 없었잖아요, 그래서 추웠어요. 이렇게 앉아서 있는데 동혁이 아빠는 왔다 갔다, 왔다 갔다 하더니, 뭐 밤 한 11시, 12시 다 되니까 갑자기 그 카메라들이 해안가 쪽으로 부둣가 쪽으로 쫙 다 세팅을 하더라고. 애가 올라오는 줄 알고 엄마들이 우르르 갔어요. 조명탄을 터뜨리는 걸 찍더라고. 그다음 날 [언론 보도에] 나온 게 이제 "지상 최대의 구조".

근데 나는 지금도 조금 이해가 안 가는 게, 배를 타고 1시간 반 정도는 들어가야 되는 게 맹골수도거든요? '조명탄이 터지는 걸 그 팽목항 해안가에서 찍었다면 조명탄을 어디서 터트린 걸까?' 육안으로도 보이니까 가까운 데서 터트리는 거지, 번쩍번쩍 하면서. 그 한 몇 번 터트리고 끝났어요. 그면 '보여주기 위해서 조명탄을 팽목항 근처에서 터트린 거'라는 생각을 하는 거지. 거리가 그렇게 먼데 거기서 터트렸다면 그렇게까지 안 비치죠. 근데 그때는 생각도 못 했어요. 우리는 1시간 반 정도 들어가야 된다는 것도 생각도 못 하고 맹골수도가 그 팽목항에서 제일 가까운 덴 줄 알았어요.

굉장히 어리석은 사람들이었죠. 아무도 기자들도 얘기해 주지 않았어요. "어머니, 아버지, 서거차도나 동거차도 가야 [침몰 해역이] 보인다"고 얘기를 해줬어야 되는데 아무도 얘기 안 해줬고. 동거차도가 사람들 안 사는 데 같으면 얘기 안 해도 상관없죠. 근데 이미 KBS나 이런 데서는 동거차도에서 자리 잡고 거기서 촬영 다 하고 있었다 하더라고. 근데 부모님들은 팽목항이 제일 가까운 걸로 알고 있었잖아. 그리고는 너무 춥고 그러니까는 체육관으로 옮기시라 그래. 동혁이 아빠가 이제 나한테 미안하니까 "체육관 가자" 해서 체육관 간 거예요, 그다음 날에.

그때부터 내리 사흘을 동혁이 아빠는 기도만 하고 있고, 저는 이제 계속 눈치만 보고 있었던 거지. 뭐 그러면서 사람들이 그사이에 이제 "4반 모이시오" 이렇게 하면서, 부모님들이 다 나서서 반별로 다 모은 거예요. 모으는 과정에서도 선생님들은 전혀 협조해 주지 않았고, 끝나고 이제 저희가 비상연락망을 다시 오신 분을 중심으로 [만들었어요]. 진짜 [부모님들] 연락처로, 애들 연락처 지우고 만들어서 [선생님들에게] 이거 다시 쳐서 뽑아달라, 내일 [오전] 11시까지 해달라 했는데 소식이 없는 거야. [오후] 2시쯤 돼서 이제 승묵이 삼촌이 가서 물어봤어요. 안 해놨다는 거야. 자기는 지시받은 거 없대.

면담자　　　선생님이요?

동혁 엄마　　응. 그래서 그 선생님이, 내 생각에는 젊은 선생님이라서, 아마 교생선생님도 그때 껴 있었다 하더라고. 그니까 교생선생님이었을 가능성이 커요. 근데 자기 그 노트하고 몇 개 이렇게 쥐고 있더라고, 그래서 승묵이 삼촌이 나한테 왔더라고. 그래서 화가 나서 달려갔어요. 달려가 가지고 "분명히 어저께 해달라고 얘기하는 거 못 들었냐?" 그러니까 자기는 못 들었대. 어제 자기는 담당 아니었대. 선생님들이 쫙 이렇게 앉아 있었어요. 그런데 그런 적 없었대요. "그럼, 그거[비상연락망] 준 거 어디 갔냐?" 모르겠다는 식으로 얘기하는 거야. 그래서 나도 모르게 화가 나가지고 "당신들 지금 뭐 하는 거냐고 당신들이 선생이냐!"고 그랬더니 그 행정 뭐 실장인가 뭔가 여자분이 계세요. 나이 좀 있는 분이 "무슨 일이에요?" 하고 오시더라고, 그러더니 눈빛을 서로 막 이렇게 교환하더라고. 그러니까 그러면서 "무슨 일이에요?" 그래서 내가 설명을 했죠. 그러면서 "그걸 못 해준다는 게 말이 돼? 말이 되냐고!" 하면서 더 화가 나가지고 이것들이 어떻게 정신을 못 차리고 있냐고, "니네들이 한 게 뭐냐"고, "학교에서 하는 게 뭐냐"고 하면서 그랬더니, 이제 귀찮았던 거지. "해드려" 그래서 그걸 다시 쳐가지고 복사를 해달라 했거든. "몇 부를 해드려" 그러더니, "아, 여기서는 뭐 이제 타자도 칠 수가 없고" 그런 식으로 얘기하는 거야. 그 기자들이 쫙 자기 앞에 전부 다 노트북이 하나씩 있었고 양쪽에 프린트기가 다 있었어요. 근데 수정을 할 수가 없대. 근데 이 교생선생인지 누군지가 그 젊은 여자 선생님의 손에서 가운데 딱 뽑는데, 그걸 뽑는 거야. 그걸 가지고 있었던 거예요. "이거 말씀이세요?" 그래서 다시 쳐서 해달라니까 "다시 쳐서는 못하고 복사해 드려" 그래서 복사해서 받았어요, 저희가. 그래 느낌이 너무 이상한 거야. '진짜 이상하다' 하면서 '왜 선생님들이 이렇게까지 비협조적이지?' 그랬는데 얼마 지나고 나서 알게 된 거죠. 이렇게 선생님들 상황실이 있으면 기자들이 이쪽에 있고 선생님들이 우리를 등을 지고 앉아 있어요. 맞은편에는 교육부에서 나온 직원들이 일대일로 보고 있었던 거야. 교육부 직원이라 하더라고.

그러더니 이제 한 3일째 지나고 저희가 뭐 대통령 만나러 간다고 이제 [진도대교까지] 도보하고 그러면서, 아이들이 우르르 나오기 시작했어요. 아이들이 우르르 나오면서 이제 애들 인상착의하고 나오는데, 먼저 찾아간 사람들[에게서] 전화가 오잖아. "인상착의 보지 말라"고, "인상착의 다 틀렸다"고. 뭐 우리 애는 덧니가 있는데 덧니 없다고 나오고, 진짜 최악은 맨투맨 티셔츠를 후드티라고 적

동혁 엄마 김성실

어서 나오는데도 있고, 색깔도 다 다르고 키도 다르고 헤어스타일
도 다르고. [수학여행 떠난 지] 얼마 되지 않은 아이인데 [부모들이] 그
렇게까지 모를 수는 없잖아. 근데 그만큼 성의가 없었다는 거죠.

그러고는 그 현황판 있거든 상황판. 상황판을 이제 그걸 A4지
에다 적어서 붙여놔요. 붙여놨는데 최소한 초등학교만 졸업해도
남자 여자 구분할 줄은 알아야지. 그냥 아무데나 붙여놔. 내 애가
남자아이여도 이걸 다 읽어봐야 돼. 남자, 여자도 구분 [안] 되어 있
고, 학생, 일반인도 구분되어 있지 않고 그냥 나오는 대로 그냥 덕
지덕지덕지 붙여놨어요. 나중에 막 이제 항의를 하니까 한 4, 5일
뒤부터 이제 조금 그냥 정렬만 제대로 해놓은 거지.

근데 이제 우리 아들도 내려와 있었잖아요. 우리 아들이 이제
이 사람이[동혁 아빠가] 반 대표를 하면서 왔다 갔다 하고 자리에 잘
없으니까 우리 아들이 농담처럼 "엄마 이제 우짜노? 이제 앞으로
어떻게 살래, 지금까지 안 오면 애가 잘못됐다는 건데, 아빠 우짜
노? 안쓰러워서 우짜노? 저 사람" 그렇게 얘기하더라고. "그래서
모르겠다, 엄마는. 엄마도 지금 앞이 깜깜하다. 어떻게 해야 될지
모르겠다. 이 무슨 이런 일이 다 있노?" 하면서. "행복하자고 재혼
했는데 이 무슨 이런 일이 다 있노?" 〈비공개〉

동혁이를 찾아 장례 치르기까지의 과정

동혁 엄마 이제 22일 날 아침부터 몸이 되게 안 좋더라고. 계속
뭘 못 먹었잖아. 동혁이 아빠도 안 먹고 있으니까 나도 먹을 수가
없죠. 그니까 냉커피 마시고 물 마시고 커피 마시고, 물 마시고 화
장실 가고 막 그랬어요. 근데 22일 날 저희 교회에서 목사님하고
사모님이 또 내려오신 거야. 한 이틀에 한 번씩 내려오셨어요. 내
려오셔 가지고 이제 같이 기도를 한다고 "집사님, 힘들더라도 앉아
봐, 기도하자" 기도를 하는데 하늘이 빙빙 도는 거예요, 못 먹어서.
쓰러졌어요, 제가. 쓰러졌더니 그때 링거 있고 했잖아요. 구급팀이
와가지고 링거를 맞았어요. 근데 링거를 맞으면서 왜 그런 거 있잖
아요. 새싹이 막 이렇게 살아나는 느낌. 느낌이 막 힘이 막 솟는 거
야, 링거 맞는 순간. 그래서 '왜 이렇게 몸이 거뜬하지?' 이러면서
링거를 거의 다 맞았을 때쯤 됐을 때 우리 아들 보고 빨리 [링거] 빼
라고 했어. 그랬더니 "왜?" 이러더라고. 그래서 "밥 먹자. 나 밥 먹
고 안산 올라갈 거다" 이랬더니 "왜?" 하면서 이러는 거야. 그래서
"아니, 나 동혁이 찾아서 내일 아침에 갈 건데"라고. 그니까 내가
의식이 있는 상태에서 한 얘기가 아니라, 나도 내가 왜 그렇게 얘
기했는지 모르겠어. 그래 동혁이 찾아서 갈 거라고 그랬더니 "엄
마, 왜 그러노?" 하면서 정신까지 이상해졌냐고, 애도 안 나왔는데
뭘 간다고. 동혁이 데리고 간다고 내가 일단 밥 먹자 해가지고, 가

서 밥을 국에 말아가지고 먹었어요. 먹고 들어와 가지고는 한 7시부터 내가 짐을 쌌어. 근데 9시쯤에 동혁이 아빠가 왔더라고. 와가지고 보더니 "아, 당신 뭐 하고 있냐?"고 이러더라고 "나, 내일 아침에 갈 건데. 동혁이 찾아서 갈 거야" 이랬더니 "쓸데없는 소리 하지 마라"고 그러면서 지금 팽목항 난리가 나고 어쩌고저쩌고 해쌌더라고. "아, 난 모르겠다, 나는 동혁이만 찾아서 가면 된다. 내일 나올 거라고, 오늘 밤에 나올 것 같다"고 내가 그랬더니 "이 사람 무슨 소리 하냐"고 막 이러는 거야. 그러고는 다시 일 보러 갔어요.

그래 이제 11시까지 꼬박 기다린 거예요. 이게 상황판 올라올 때까지 아무리 기다려도 안 오더라고. 근데 이제 그사이에 순영이 엄마랑 누나랑을 알게 된 거예요, 며칠 있으면서. "저 순영이 누나예요" 이러면서. 그래서 내가 "[동혁이가] 순영이하고 분명히 같이 있을 텐데…" 하고 있었어. 근데 동혁이 아빠가 11시 반쯤 돼서 완전히 수염도 한 번도 안 깎고 이래 가지고 완전 초죽음이 돼가 왔더라고. 너무 피곤할 거 아냐. 그래 오자마자 왜 안 자고 있냐고, 제발 좀 자라고 그러더니 "나는 자야 되겠다" 이러더라고. 지쳐서 쓰러진 거야. 쓰러져 코를 골고 있는데 새벽에 4시쯤 다 돼가지고 [동혁이가 상황판에] 뜬 거예요.

이제 인상착의가 쫙 이렇게 가는데, 덩치가 큰 애가 하나 나온 거야. 덩치가 크고 뭐 어쩌고저쩌고. 저거 분명히 순영이일 것 같은 거야. 저거 분명히 순영인데 근데 조금 지나니까 키도 틀리고 다 틀려, 옷 색깔도 다 다르고. 근데 우리 동혁이는 청바지를 입고 있었거든? 근데 검정색 면바지에 뭐 연두색 뭐 하늘색을 입었는데 연두색이라 해놓고 이래 놨더라고. 우리 애가 토끼 이빨이에요. 그 것만 해도 됐는데 그거조차도 안 적혀 있는 거야, 제대로 보지도 않고. 근데 보니까 밑에 '쥐색 MP3'라 되어 있는 거야. [동혁이 거는] MP3가 검정색이에요. 아, 헷갈리는 거야. 그러면서 '저거 틀림없는데' 요즘 애들 MP3 가지고 다니는 애들 없잖아. '동혁이가 틀림없는데' 하는 생각이 들더라고. 그래서 내가 동혁이 아빠를 깨워서 그랬더니 잠이 취한 거야 "아, 왜?" 이러더라고. "여보, 동혁이 나온 거 같애" 하니까 "어디?" 이러더라고. 보더니 "아, 아니야 쥐색 MP3 라잖아. 동혁이는 검정색이잖아" [라고 해요]. 화가 나는 거야. 가서 확인해야지, 그러면. 그래서 뛰어가가 이제 순영이 누나보고 이제 순영이라도 확인해 줘야겠다 싶어서, 자고 있길래 깨워가 "순영이 인 것 같애" 하니까 "어디요? 어디요?" 하면서 보더니 아, 인상착의 가 너무 다르대. "일단 한번 가보자" 해서 깨워가 데리고 간 거야, 동혁이 아빠도 끌고. 갔더니 뒤에 확인하는 데서 이제 팽목항에 전 화해서 확인을 하잖아. 그래서 제가 막 나서서 얘기했죠. MP3 무 슨 색깔인지 다시 한번 확인해 주고 MP3가 요만하다고 얼마만 한 지 물어보라고 그랬더니 "아, 네네" 이러더니 멍하니 보더니 "아이 가 맞는 것 같은데요" 이러는 거야. 그래서 내가 우리 동혁이 맞다 고, 순영이도 맞는 거야. 그때 우리 반 애들이 우르르 올라왔어요. 그래서 내가 멍하니 서 있… 동혁이 아빠는 이제 무너지죠.

그러니까 거기서 하는 얘기가, 짐 챙기시라고 다 챙겨놨다고 지금 출발하면 된다고 그래 가지고 이제 시신보관소로 간 거죠, 저희가. 팽목항 가니까 가면서도 이제 온갖 생각이 다 나더라고. 저는 고등학교 2학년 때 심장판막증 수술을 해가 심장이 되게 안 좋아요. 그래서 대학교 때 아버지 돌아가셨을 때도 시신을 못 보게 했거든요. 시신을 한 번도 본 적이 없어. 그래서 가면서 두려운 거야. '어떻게 하지? 많이 울어야 되나? 아니면 동혁이 아빠를 달래야 되나? 내가 들어가서 봐야 되나?' 막 그런 고민이, 내 위치에 대한 고민, 그런 고민이 막 되더라고. 우리 아들은 입 딱 닫고 아무 말 안 하고 있고.

그래서 들어갔는데 정작은 동혁이 아빠가 두려워서 못 들어가는 거야. 문 앞에서 주춤주춤하는 거야. 내가 끌고 들어갔어요. 들어갔는데 그 생각은 다 날라가 버리고, 애를 보는 순간 '쟤 왜 여기 누워, 왜 여기 누워 있지? 쟤가 있어야 될 곳이 여기가 아닌데'. 금방 잠들은 애 같은 거야. 우리 동혁이는 잘 때 눈을 한쪽을 약간 뜨고 자거든요, 실눈을. 그러고 약간 입을 벌려가 토끼 이빨이 다 나와. 그 모습 그대론 거야. 그래 갖고 손을 막 잡았는데도 손이 약간 찰 뿐이지 말랑말랑하고, MP3를 배 위에 올려놓고 있는데 기가 막힌 거야.

동혁이 아빠는 선뜻 만지지도 못하더라고. 그냥 오열만 하고 서 있더라고. 근데 나는 그게 만져지는 거야, 나도 모르게. 손을 만지면서 "동혁아 니 왜 여기 누워 있는데…" 하면서 나도 모르게 나오는 얘기가… (울먹이며) "집에 가자. 왜 누워 있나, 여기서 집에 가야지 멀쩡한 애가 왜 누워 있냐"고… 막 이제 했죠. 그랬더니(한숨) 너무 그게 그런 느낌 알죠? 하나님이 사람 형상을 딱 지어가지고 코에 숨만 불어 넣으면 되는 그 상태야. 그러고 있는데 우리 아들도 멀리서 이렇게 딱 보고 가만히 서 있더라고. 그 순간에도 나는 우리 아들이 어떻게 하는가를 봤지. '되게 모질다. 이 상황에서도 쟤는 안 우네, 남자라서 그런가' 이렇게 생각을 했어. 동혁이 아빠는 난리가 났고, 이제 그 자리에서 그리고는 병원으로 DNA검사 해야 된다고. 우리는 이제 DNA할 필요도 없다 이랬는데도 다 해야 되는 거니까. 그래 갖고 1시간 반을 [걸려서] 119구급차 싣고 간 거예요.

그래서 기독병원인가 거기를 갔어, 목포에. 가서 내리면서 우리 동혁이가 122번으로 나왔어요. 그 전에 [수습된 아이들은] 다 [안산으로 올라]갔을 거 아냐, 122번 전까지는. 근데 병원에 딱 구급차에서 내리면서 애 시신을 내리는데 그때 구급차 뒤에 우리가 다 앉아서 간 거거든, 그 시신을 만지면서. 사실 되게 고통스러웠어. 사람은 내내 2시간, 3시간 내내 울 수는 없잖아요. 그니까 멍하니 애를 보고 있는데 너무 기가 찬 거예요. '집에 가야 되는데… 뭔 짓인가' 싶고. 근데 애를 내리는데, 나는 아무 생각 없이 기사한테 물어봤어. "안산 갈 때도 이 차 타고 가요?" 그렇대. "아, 그래요" 그때는 별생각을 안 했어요. 그리고 시신을 갖고 내려가 부검하는, 그 저기 뭐야 DNA검사 한다고 내려갔는데, 동혁이 아빠가 올라와. 그때 [동혁 아빠가] 반장이었잖아, 반 대표였잖아. 내가 "여보, 안산 올

76

동혁 엄마 김성실

라갈 때도 저거 타고 올라간대. 그럼 우리 동혁이 옆에서 다 같이 5시간 반을 올라가야 되네". 나는 그게 뭘 의미하는 모르고 그랬더니, 동혁이 아빠 입에서 바로 "개새끼들, 쓰레기 새끼들. 이건 나라도 아냐. 미친 새끼들 아니냐"고. 분명히 엊그저께 회의 때 해수부 장관이 왔을 때 얘기 다 했고, 그 전에 올라간 사람들 [이야기가] 시신에서 냄새난다는 얘기가 막 들렸었어요. 그렇게 올라갔기 때문에… 상온이잖아. [동혁 아빠가] 이거는 인간들도 아니라고 그러면서 내려가더니 담당자 누구냐고 나오라고…. 근데 [담당자가] 원래 그 전 사람들도 다 이렇게 올라갔다는 식으로 얘기하는 거야. 그러면 "니들 실종자들하고 회의할 때 한 약속 뭐냐. 엊그저께 분명히 약속하지 않았냐. 응? 그 시신 싣는 차하고 그리고 따로 가족들 차 해준다고 약속해 놓고, 이제 와서 이런 식이냐. 그럼 지금까지 간 사람들 다 이렇게 갔다는 거 아니냐" 그러면서 막 이제 화를 냈어. 화를 내도 안 되고 "알아보겠습니다. 위에서 조치가 없었습니다" 뭐 위에서 얘기가 없었다는 식으로 얘기하더라고. "알겠다. 그러면 신문에 내겠다" 하고 제가 막 전화했어요. ≪한국일보≫에 전화하고 막 그니까 전화하는 걸 보더니 그게 20분 만에 고쳐졌어요. 조금만 기다리시라고 이러더니 좀 있으니까 영구차가 온 거야. 영구차하고 택시하고 금방 그렇게 만들어서 오더라고. 그니까 순영이한테 전화해 가지고 "순영이 움직이지 마라" [전했어요]. 다른 병원으로 갔었거든요, 순영이는. "움직이지 마라. 운구차 올 때까지 기다렸다 가라"고. 자기들은[순영이네는] 며칠이 지났으니까, 또 위에서 기다리는 가족들이 있으니까 빨리 가야 된다고 이거로라도 가겠대. "그게 이것들을 이렇게 만드는 거다. 급한 마음먹지 마라" [그랬어요].

진짜 나는 마음 같아서는 있잖아요, 내 애 같았으면 나는 그거 들고 청와대 갔을 것 같애. 나는 부검도 했을 것 같애. 근데 부검도 동혁이를 찾았다 하는 순간부터 부검 생각을 계속했어요. "우리라도 해야지, 우리라도 해야지" [그런데] 동혁이 아빠한테 말을 못 하겠는 거야. "니는 애한테 인정이 그렇게도 없냐고, 응? 죽은 것도 불쌍한데 그렇게 칼을 대고 싶냐?" 분명히 그렇게 얘기할 거 아니야. 그게 두려워서 말을 못 했던 거야. 근데 지금 동혁이 아빠가 그 얘기하거든 "그때 얘기하지 그랬냐"고, 자기는 그거까지는 [생각이] 못 미쳤다고⋯. 모를 일이죠, 그거는.

그래서 그때 한참 [아이들이] 많이 올라오니깐 영안실이 모자랐던 거예요. 근데 다행히 동혁이가 올라올 때쯤에는 영안실이 막 모자라던 차에 하필이면 그 안산 장례식장이 딱 비어 있었던 거야. 그래서 거기서 순영이도 같이 하고 범수하고 몇 명이 같이 했어요 (침묵). 〈비공개〉

이제 그 [장례를 치르는] 과정에서 나는 한 번도 울지 않은 우리 아들에 대한 섭섭함이 있었지. 동혁이 아빠한테 말은 못 하고 '아, 늦게 만난 동생이라서 얘가 인정머리가 저래 없구나' 이렇게 생각을 한 거야. 근데 얘는 [동혁이가] 지 옷을 입고 갔고, 지 가방을 들고 갔다는 걸 내려가서 사흘 만에 알았거든요. '[동혁이를] 찾겠지,

찾겠지…' 하고 얘기 안 하고 있다가… 애 찾으면 굳이 뭐 그런 얘기할 필요도 없잖아. 근데 한 사흘 만에 인상착의 얘기하다가 얘기가 나온 거야. 그리고 장례식[장] 빈소에서 이틀째 되는 날 큰언니하고 작은언니하고 저희 친정에서 와서 다 봐줬거든요. 그니까 방에서 [언니가] 부르길래 가서 앉아 있다가 잠깐 잠이 들었는데, 난리가 난 거야. 우리 조카가 〈비공개〉 "이모, 이모 큰 났다. 빨리 나가 봐라" 하는 거라. "왜?" 하니까 ○○이 난리 났다고….

그래 가서 보니까 우리 동혁이한테 일주일 전에 사 준 운동화가 있어요. 그니까 항상 저는 운동화를 사 주면 △△이하고 똑같이 사 줘요. 근데 항상 △△이 게 닳아가지고 같이 사는 거지, 동혁이는 많이 닳지는 않아요. 굉장히 좀 조심스러운 애가 돼가지고. 근데 신발을 사 줬더니 그 전 신발이 멀쩡하다고 이거는 갔다 와서 신는다 했어. 신어만 보고는 그냥 간 거야. 내가 "이거 신고 가" 했더니 또 그걸 안 신고 갔어요. 그래서 [15일] 11시 반에 통화할 때 내가 "왜 신발 안 신고 갔냐?" 그러니까 "여행 갔다 와서 신을게요. 아껴 신으려고요, 너무 이쁘잖아요" 이래. 그렇게 했던 애였거든. 그 신발을 이제 올려놨어요, 거기에 빈소 위에다가. 근데 보니까 새벽 서너 시 됐을 때, 우리 애가 사촌 형들하고 술 한잔하고는 거기 앞에 앉아 신발을 들고 앉아가지고 (울먹이며) 쓰러지듯이 울고 있는 거야. 그래서 내가 "○○아, ○○아 정신 차리라고(울음). 무슨 이런 일이 다 있냐"고… "엄마, 나는… 엄마, 왜 내 옷하고 내 가방 줬냐"고, "그게 재수가 없어서 애가 죽어서 돌아온 거 아니냐"고

79
2회차

"살아 온 애들도 있는데 왜 얘만 죽어서 돌아오냐"고 막 우는 거야. "미치겠다"고 "엄마, 나 미칠 것 같다"고 "살 수가 없다. 미치겠다, 엄마 어떡하지" 하면서…. 그러니까 내가 애를 너무 원망했던 게 미안한 거야. 애 마음속에 저런 게 있었는데 내가 (눈물을 닦으며) 나도 내 새끼가 우니까 너무 마음이 아픈 거야. 그걸 보고 있으니까……(한숨). 〈비공개〉

6
동혁이가 남긴 마지막 영상과 유가족 활동 참여

면담자　　동혁이를 보내시고는 어떻게 계셨어요?

동혁 엄마　　그래서 애 보내고 이제 집에 들어오는데 1차 임시총회를 한다고, 유가족대책회의 [오라더라고요]. 그때 당시 올림픽기념관에서 임시로 있어서 그래서 거기로 오라고 해가지고 제가 가자고 했죠, 동혁이 아빠보고. 가보자 무슨 얘기하는지. 갔더니 그때 한 5, 60가구 정도밖에 안 나왔어요. 거기서 이제 임시위원장을 뽑고 막 이랬어요. [임시위원장으로] 팽목항이랑 체육관에서 활동하던 사람들이 나와서 해라, 이러니까 동혁이 아빠가 왔다 갔다 했잖아. "저 털보 아저씨, 저 아저씨 굉장히 많이 움직였다"고 나가라고. 그래서 억지로 나가서 서 있는데, 제가 뒤에서 (손짓하며) 막 하지 말라고 했어요. 〈비공개〉 내가 친엄마 같았으면 난 내가 막 나섰을 것 같애. 근데 그럴 수 없는 상황이고, 동혁이 아빠도 거기에 빠지면… 그때부터 알았던 거야. 진상 규명이라는 게 끝도 없고, 그 민주화운동이니 학생운동이니 당사자는 그게 의지가 있어서 했지만 그걸로 인해서 온 가정, 가족이 다 피폐해지잖아. 그걸 내가 아니까. 남은 애들이 있잖아요. 그리고 이 사람은 직장을 다녀야 되고 그래서 내가 막 하지 말라고 그랬지. 〈비공개〉 [임시위원장을] 김병권 씨가 하기로 하고 "열심히 도와드릴게요. 잘하십시오" 그랬는데, 사실은 우리가 그렇게 아이가 죽은 똑같은 동질감으로 만났지만 검증된 사이가 아니잖아, 서로. 나는 내를 잘 아는데 내가 상대방을 모르잖아. 이 사람 학력이 어떻게 되는지, 이 사람 마인드가 어떤지, 이 사람이 아이를 어떻게 키웠는지 전혀 모르는 상태에서 그 대책위가 꾸려진 거야. 그러다 보니까 실수도 많았고, 그 이후에 총회를 한답시고 가서 보면 〈비공개〉 반대 얘기하면 막 욕하고…. 그때 영상이 다 있을 거예요. 보면 정말 '아, 이게 처음 당하는 사람들이 이렇게 혼란스럽구나' 하는 걸 느낄 거예요. 임시로 꾸려진 대책위니까.

〈비공개〉 저는 이 모든 사건에서 물론 외부에서 도와주는 사람들이 개입이 돼야 되지만, 유가족들이 주체가 돼가지고 어느 정도는 유가족의 그 힘이 모아졌어야 되는데, 마음이 모아졌어야 되는데 유가족 마음이 모아지기 전에 너무너무 쉽게 정치인들이 개입을 [했다고 봐요]. 특히나 안산에 있는 정치인들이 너무 쉽게 개입을 했고, 그리고 그들이 개입을 하면서 하는 얘기가 "촛불집회에도 나가지 마라, 어디에도 나가지 마라. 그거는 정치권에 개입하는 걸로 보이기 때문에 국민들한테 욕먹는다". 그게 두려워서 우리는 또 못 했던 거예요. 처음에 5월 초에, 5월 10일인가 안산에서 처음 범국민촛불집회가 있었어요. 〈비공개〉 [촛불집회 참가에 대해서] 수현이 아빠하고는 얘기가 많이 통했어. 그러면서도 나는 '그래도 대책위 안에서 고쳐가면서 해야 된다' [생각했는데] 착각이었죠. 내가 할 수 있을 거라고 생각했는데 그게 전혀 할 수가 없었고…….

근데 그 과정에서… 동혁이의 영상이 나와버린 거예요, 수현이의 핸드폰에서. 그러면서 JTBC에서 처음 나온 거예요, "최초 동영상" 해가지고. 그래 이제 [영상에서] 동혁이가 "아, 우리 뉴스에 나오나 봐. 우리 뉴스에 나올 것 같애. 밖에 있는 애들은 어떡하지" 딱 걔 성격이 나와요. "밖에 있는 애들은 어떡하지. 아, 엄마. 엄마, 엄마, 엄마" 엄마를 한 여섯 번 부르고 좀 있다가 "아빠 아빠, 아빠, 우리 아빠 김영래 씨, 제가 이번 일로 죽을 수도 있으니까 아빠한테 부탁한다"고 그러면서 [동생에게] "너는 수학여행 가지 마" 그리고 "아!" 하더니 나중에는 "엄마 아빠, 엄마 아빠, 엄마 아빠, 사랑해요. 내 동생 어떡하지?" 그러더라고.

그걸 처음 본 거예요, 우리는. 동혁이 아빠는 방에서 뒹굴고 난리가 난 거예요. 못 견디겠다고. [동생보다] 지 걱정이나 하지… 그러면서 동혁이 아빠는 다른 감정으로 받아들였어요. 나는 그걸 보면서 그때까지는 내가 숨어 있고자 했었어요. 맘에 안 드는 게 너무 많아, 너무 많았음에도 '나는 자격이 안 돼. 참자, 지켜보자,

지켜보자'. 그러면서 계속 뒤에서만 얘기하고 안 나섰어요. 그래서 내가 누군지도 사람들이 잘 모를 때였어요. 그냥 "서명합시다" 이 정도였지. 근데 동혁이 아빠는 그걸 보면서 "내 동생 어떡하지?"에 필[감정]이 받친 거야. [동혁이가] △△이 걱정만 하니까 '아빠가 또 누군가랑 헤어지고 애한테 그렇게 아프게 할까 봐 그 걱정이 앞섰던 것 같다'[고 생각한 거지]. 그래서 자기는 '△△이 잘 보살펴야지, 그리고 다시는 이혼이라는 상처를 애한테 주면 안 되겠다' 그런 생각을 했고. 나는 그걸 보는 순간 '당신 왜 가만히 있어? 너 엄마잖아. 왜 가만히 있어? 내가 이렇게 엄마, 엄마 엄마, 사랑해요 부르는데 내가 이렇게 부르는 엄마가 아홉 살 때 헤어졌던 그 엄마였겠어? 지금 당신이잖아' [동혁이가 말하는] 그것처럼 느껴지는 거야.

'아, 진짜 가만히 있으면 안 되겠다. 얘는 이렇게 범국민적으로 "엄마 아빠 사랑한다"고 이렇게, 그것도 아빠 엄마도 아니고 엄마를 앞에다 두고 해줬는데, 내가 너무 주눅 들어 있었다. 이런 나는 엄마도 아니다' 이런 생각이 들었어요. 그래서 동혁이 아빠한테 "여보, 나 5월 11일인가 10일 날 범국민대회 할 때 동혁이한테 편지 써서 읽을래" 그러니까 동혁이 아빠가 읽으라 하더라고. 그때는 가족대책위가, 가족들이 여기 그 행사에 안 나갔어요. 가족대책위 공식적인 입장이 "아무 데도 가지 마라, 분향소에만 있어라. 아무데나 가면 너거 정치권이라고 국민들한테 욕먹는다" 그런 식이었어요. 그래서 나는 너무 기가 찬 거야. '이것들이 제정신인가? 우리가 어떻게 당하고 올라왔는데, 왜 그걸 국민들이 알아서 분노를

해야 되는데 왜 그걸 누가 막고 있는 거지?' 하고 궁금했어요. 〈비공개〉

면담자　　　그럼 그때는 가족협의회 사무실과 정부합동분향소가 떨어져 있었나요? 나중에 가족협의회 사무실은 분향소 옆에 있는 경기도미술관으로 옮기게 됩니다.

동혁 엄마　　　그때가 와스타디움으로 옮겼을 때거든, 분향소가 [안산 올림픽기념관에] 있고 와스타디움 안에 [가족협의회] 사무실이 있어요. 그러면 걸어서 15분 정도 걸려요. 사무실이 왜 거기에 있는지 나는 이해가 안 가는 거야. 사무실이 분향소에 있는 데에 유가족하고 같이 있어야지, 왜? 그러면서 합동분향소를 [화랑유원지로] 옮길 때도 유가족 대기실은 합동분향소에 뒤에다가 천막으로 만들어놨어. 앞에는 전부 다 뭐 YMCA 이런 거 있잖아요, 무슨 교회. 처음에 가보고 너무 기가 찬 거야. '이것들이 유가족을 완전 내팽개치네' 하는 생각이 들었어요. 보이기 위한 거지. 그래서 딱 뒤에 가니까 유가족분향소도 유가족 휴게실도 뭐라고 돼 있는지 아나요? "유가족 쉼터"라고 적어놓은 거야. 그래서 동혁이 아빠하고 "담당자 나오라"고 "너거 지금 장난치냐"고 "상주가, 분향소 뒤에 있는 게 상주냐?"고 그랬더니 겨우 그렇게 해가 빼가지고 유가족 분향소를 그쪽으로 땡긴 거예요. 그다음 날 "시정하겠습니다". 〈비공개〉

그 얘기 듣는 순간 '아, 지금 뭔가가 시작이 되고 있구나. 뭔가 잘못 가고 있구나' 하는 생각이 들었어요. 그러던 차에 제가 편지를 그래 [범국민 촛불집회에서 읽겠다고] 나간다고 했던 거야. 근데 국민대책위 주최 측에서 동혁이 엄마가 편지 읽으러 온다 하더라는 얘기를, 왜냐면 가족대책위가 자꾸 이쪽에 협조를 안 하니까 "동혁이 엄마도 온다 했는데요" 이러니까 이 사람들이 알게 된 거야, 미리. 7시에 행산데 3시쯤에 알게 된 거야. 그러고는 동혁이 아빠한테 전화가 왔더라고. 나하고 같이 있는데, 못 나가게 하라고. 그거 정치색으로 보이고 또 두려웠던 게 무슨 내용이냐고 그러는 거야. 혹시 가족협의회 욕할까 봐, 그래서일 수도 있어요. "무슨 내용이냐?"고 해서 "나도 애 사랑하니까 사랑한다고 얘기할려고 그런다"니까. 그러냐고 가더니 좀 있다가 위원장이 전화 와갖고 동혁이 아빠보고 못 가게 하라고, 변호사도 못 가게 한다고. 〈비공개〉 그러던 중에 이제 나중에 가협에 "여성부위원장이 있어야 된다" 해갖고 투표를 했어요. 제가 됐어요. 그랬더니 그 주최 측에서 뭐라 하냐면 부부가 다 손 들면 안 된대. 한 집에 한 사람만 손 들어야 되고 이렇게 룰을 또 바꿔버리더라고. 결국은 저는 계속 코너로 몰려서 안 됐어요. 관심도 없었고. 그랬는데 그렇게 해갖고 다른 사람이 여성부위원장이 돼갖고 이제 꾸려졌죠. 꾸려져 가지고 하는 과정에서 저희가 서명을 받으면서 어쩔 수 없이 국민대책위하고 엮여서 가야 되는 상황이 돼버린 거야. 국민들이 '서명, 서명' 하니까. 서명을 국민대책위에서 그거를 서명받아 놓은 게 있는데 전달식을 해야 되는데 "촛불집회에 나오셔서 받아가라" 이렇게 되니까 그게 봇물이 된 거예요. 〈비공개〉

그러던 차에 이제 가협 2기 집행부를 만든다고 하면서 "어디 나가고 어디 나가고 해야 된다" 이래서 2기 대외협력분과장이 우리 반 정무 아빠가 된 거야. 그래서 정무 아빠를 적극적으로 도와주기 시작했죠, 제가. 뭐든 해야 되니까. 그러면서도 늘 보면서, 싸워야 될 때 막 진짜 적극적으로 싸우지 않고, 임원들은 어디 갔는지 보면 회의하고 있고 그런 과정들이 많았어요. 그러면서 여기저기서 벌써부터 추모공원 얘기가 나오고, 배·보상 얘기가 나오고 가족들 내에서 분란이 이제 막, 의견이 다르기 시작한 거지.

근데 특별법 만든다고 막 그랬잖아. 특별법 만들 때 나도 참 미수습자 가족들한테 미안한 게, 내 머릿속에 그 전에 아이 찾아와서 하늘공원에 딱 안치할 때는 '니가 영원히 갈 데 정해지면 그때 엄마가 멋있게 해줄게' 하면서, 마음속으로 미수습자 다 올라오고 [나서 옮긴다는] 이게 조건이었는데 잊어버린 거야. 내 앞이, 내 코가 석 자다 보니까. 그래서 특별법 만들 때도 아주 크게는 생각 안 하면서…. 왜 가족대책위가 왜 미수습자 가족들한테 이렇게 됐냐면… 사람이 오해가 생기면요, 진짜 용기가 필요하지만 당사자를 만나면 돼. 중간에 전하는 사람 말은 들을 필요가 없어요. 근데 이게 아니라 해수부에서 중간에 이간질하면 그걸 다 믿고 하니까. 〈비공개〉 이런 식을 해갖고 자꾸 이제 이간질이 생기기 시작하니까 멀어지기 시작……. 서로가 이해를 안 하기 시작한 거예요. 그러더니 나중에는 뭐 이제 수색 중단까지 갔었잖아, 11월 7일 날.

그때도 저는 그날 굉장히 분개했었거든요. 수색 중단을 한다면은 우리는 해수부 앞에 가서 데모를 했었어야 되고, 가만히 있으면 안 되는데 너무 조용한 거야. 그때 제가 대외협력분과장이였을 때예요. 그래서 막 위원장한테도 문자하고 했는데 어느 누구도 제대로 답이 없더라고. 그래서 어쩌라는 거냐고. 그때 우리 임원들이 어디 가 있었냐? 사단법인 만든다고 사단법인 회원이 많아야 된다고 제주도에 화물기사들 만나러 가고 있었어요. 저는 이해가 안 갔죠. '사단법인이 뭐길래, 더 중요한 게 이렇게 있는데 얘들은 왜 사단법인에 목을 매지?' 내가 물어보면 또 힘을 기르기 위해서 뭔가 이렇게 얘기해. 그러면 '그럴 수도 있나? 내가 잘못 생각하는 건가?' 하지만 미수습자 문제와 사단법인 문제를 똑같이 놨을 때는 사단법인을 돌아봐서는 안 돼. [미수습자 가족] 이거부터 해결해야 되는 상황인데 그러니까 이제 미수습자 가족들은 불만이 점점점점 쌓이기 시작했죠. 그러면서 이제 "너희들이 우리를 버린 거다. 너희들이 우리를 팽한 거 아니냐?"고. 〈비공개〉 물론 뒤에 어떤 배경이 조정이 돼서 그런지는 모르겠어요. 그렇지만 이해가 안 가는 부분이 한두 개가 아니었다는 거지. 〈비공개〉

그래서 특별법이 나왔을 때 분명히 수사권, 기소권 넣어준다고 다들 약속했어요. 임원들도 그랬어요, 넣을 수 있다고. 저는 뭘 모르기 때문에 처음 시작은 이랬어. 내가 아는 건 특검밖에 없었어. 그래 [서명 용지에] 특검이라는 문구를 내가 넣은 거예요. "서명받자" 해가 내가 문구 만들어가 내가 양식을 다 만든 거예요. 그러면서 특검을 요구한다고 했더니 대변인이 와가지고 "특검은 아니다.

내가 알아봤는데 특별법으로 문구를 바꿔라" 그래서 백번 양보해서 "알아서 해주십쇼. 어쨌든 서명은 받아야 됩니다"라고. 〈비공개〉 그래서 저는 제가 법학과를 나왔어도 그게[특별법은] 익숙하지 않은 단어야. 그죠? 공부할 때나 배웠지. '그래 이러면 더 강력할 수도 있겠다. 그래, 그럼 수사권, 기소권을 위해서 죽어라고 싸워보자' 근데 슬며시 이제 기소권 빠지고 '수사권만이라도…' [하는 상황이 되고] 나중에는 수사권도 빠지고 다 빠져버렸잖아. 그래 놓고는 "우리 이만큼 만든 게 어디야. 이만큼 만든 것만 해도 특별법을 만든 것만 해도 우리는 큰일을 한 거다" 냉정해지자는 거지. 그거는 진 거죠. 진 싸움이죠. 알맹이가 다 빠진 빈껍데기 특별법을 가지고 뭘 하겠다는 거야? 그러고 바로 나온 게 쓰레기 시행령이에요. 시행령도 폐기할 수 있다 했어. 또 "싸우자, 나가서. 집회하자" 집회 다 했어요. 그들이 하자는 대로 다 했어요. 시행령 폐기됐습니까? 한 문구도 못 고치고 그대로 갔어요. 그러고 나서 배·보상 문제가 터지기 시작했어요. 그때 제가 그만둔 거예요. "나 그만하겠다", 왜? "너거하고 같이 가기 싫다, 이제 못 믿겠다" 무슨 생각인지 모르……. 나중에 보면 누가 옳은지는 알겠죠, 누가 옳았던지. 하지만 그들도 순수했고 나도 순수했다면 난 내가 옳다고 생각해.

근데 배·보상 나왔을 때 거기에 또 막 신경 쓰기 시작하는 거야. 문구가 어쩌고저쩌고 뭐 얼마가 얼마로 되니 안 되니, 돈 문제 가지고 얘기하고. 내부적으로는 사실은 그런 얘기들이 많이 왔다 갔다 했기 때문에 지겨웠어요, 지겨웠고. 대부분의 부모님들은,

내가 하는 일을 옆에서 봐온 부모님들은, 내가 혼자 있으면 와서 "아, 동혁이 엄마가 왜 그만두냐"고, 응? "동혁이 엄마 같은 사람이 나와서 일을 해야 되는데 왜 그만두냐"고. 근데 처음에는 그분들이 힘이 됐었는데 나중에는 그분들이 밉더라고… 싫어지더라고. 인간에 대해서 환멸이 느껴지는 거야. 당신들도 자식 잃은 부모고, 내보다 더 마음이 안타까울 거 아니야. 〈비공개〉 [나중에는] 내를 아는 척도 안 하는 거야. 거기서 내가 '아, 이게 인간 세계에 있어서 참 중요하구나. 절대로 쉽게 나서서 될 일도 아니구나' 하는 생각도 했어요. 하면서 탁 내려놓는 순간, 나에 대해 온갖 얘기들이, 떠돌고 다니는 얘기들이 귀에 들어오면서 '아 그만, 이쯤에서 그만두길 잘했다. 더 했으면 내가 본전 생각이 나서라도 더 억울하고 내가 미칠 뻔했다'는 생각이 드는 거예요. '동혁이 엄마로서는 이쯤이 다구나…. 그래 그러면 내가 할 수 있는 다른 걸 찾아보자…'.

7
참사 이후 가족의 상황

동혁 엄마　　　그리고 그 와중에 동혁이 아빠가 9월 달쯤 돼서 아마 회사에 복귀를 했어요. [원래는] 안 할라 했어요. 〈비공개〉 [그 이후로] 쭉쭉쭉쭉 부모들이 다 회사를 그만두기 시작한 거예요. 다 이제 그만두고도 안 나오시는 분들도 있고, 그만두고 적극적으로 하시는 분들도 있고. 동혁이 아빠는 적극적으로 나를 따라다닌 거지.

내 임원회의 들어가면 뒤에서 가방 들고 서 있고, 다른 아빠들하고 막 이야기하고. 이제 그러니까 뒤에서 이렇게 지켜보는 아빠들, 담배 피면서 그런 사람들하고 어울리면서 이야기하고, 대책위 까는 이야기 하고 뒷담화도 하고 칭찬도 하고 했겠죠.

근데 회사를 갈 생각을 안 하더라고. 근데 회사에서 연락이 온 거예요. "형 자리를 노리는 사람들이 많다"고. 왜냐면 20년간 한 직장을 다녔으니까 그 자리를 노리는 사람들도 안 있겠습니까? 기술직이니까. 그래 "형 이번 달에는 꼭 나와야 될 것 같다"고. 동혁이 아빠가 나한테 물어보더라고. "회사에서 이런이런 [얘기를] 하는데, 자기는?" 아마 내가 "여보, 그냥 그만둬" 했으면 그만둘려고 했던 것 같애. 〈비공개〉 내가 동혁이 아빠한테 얘기했죠. "차라리 내가 일을 그만두는 게 낫지 않아? 내가 부동산을 그만두고, 어차피 그때까지 문도 안 열었으니까 그만두고 내가 [진상 규명 활동] 할게. 당신이 한 만큼, 내가 할 수 있는 것만큼 내가 할게" 이러니까 동혁이 아빠도 생각해 보니까 중추신경 역할은 내가 다 했잖아. 자기도 생각해 보니까 그랬겠지. 그리고 내가 그 얘기를 했을 때는 불안한 마음도 있었을 거 아니에요. [그래서 회사에] 억지로 나간 거예요. 한 두어 달 고생했어요. 갔다 오면 그때마다 울고불고, 회사에서는 얼마나 힘들겠노. 또 거기에 직원 중에 한 명이 애를 낳은 사람이 있는 거야. 하루 종일 애 얘기밖에 안 하는 거야. 가면 그니까 그 소외감 같은 게 얼마나 크겠어요. 그리고 그 15분 정도, 공단까지 출근하는 차에서도 눈물이 쏟아져가 갓길에 세우고 울어야 되고.

동혁 엄마 김성실

뭘 봐도 애 생각이 나니까.

얼마 전에는 저희 엄마가 병원에 계시거든요, 요양원에. 서울에서 갔다가 오는 길에 고속도로에서 눈물이 터져가지고 동혁이 아빠가, 갑자기. 아무 그거 연고 없이, 갑자기 뭔 얘기를 한참 하는데 대답 잘하는 사람이 조용한 거야. 봤더니 귀까지 뻘개 갖고 막 눈물이 쏟아지니 운전이 도저히 안 되는…. 여보, 갓길에 세우라고. 갓길에 세우고 여보, 실컷 울라 했더니 차에서 내려가 주저앉아서 울고 앉아 있는 거야. 나중에 물었어요, 왜 울었냐고. 모르겠대. 갑자기 그냥 소름이 쫙 끼치면서 애 생각이 나더라는 거야. 어쩔 수 없는 거지, 그거는…. 근데 그 거의 직장 다니고 두 달 정도는 엄청 그랬어요.

근데 많은 엄마들이 지금도 밥을 안 하시는 분들이 많아요. 사 먹는데, 그냥 사 먹고, 누가 와서 해주면 먹고, 김치 안 담근 지도 오래되고. 근데 저는 평생을 김치 안 담다가, 동혁이 아빠하고 동혁이가 김치를 되게 좋아하거든요? 우리 동혁이가 김치가 있으면 지 혼자서 볶아 먹고, 김치를 한 통 담으면 일주일이 안 가요, 둘이서 워낙 먹어대서. 근데 그 전에는 저는 전혀 살림을 안 하던 사람이었어요, 막내고 하다 보니까. 근데 담아야 먹으니까, 그니까 이제 김치 담그는 데 달인이 돼버린 거야. 두부, 우리 동혁이가 두부도 또 되게 좋아했거든. 그니까 두부조림 이틀에 한 번씩 두부 두 모씩 사고 뭐 그래도 없어. 김치찌개 하도 끓여놨으면 그다음 날 되면 바닥이 보여. 밤새 먹어가지고. 그래서 내가 밤에 좀 먹지 마라고 맨날 뭐라 하고 그랬거든. 동혁이 아빠가 그러잖아. "우리 동혁이가 한 네다섯 끼 먹었다"고. 진짜로 네다섯 끼 먹었어. 그니까 그렇게 살림을 했죠.

2년 가까이 하다가 애가 그렇게 되는 바람에 살림을 또 끊었잖아. 안 하고 한 3, 4개월 지나다가 동혁이 아빠가 직장을 다니게 되니까 김치가 없으면 밥을 안 먹고, 산 김치는 별로 안 좋아하고. 그러다 보니까 어쩔 수 없이 내가 해야 되는 상황인 거야. 그나마 우리 집에 제정신인 사람은 내밖에 없잖아. 우리 아들은 제대하고 또 학교 가버리고 없고. △△이 하고 내하고 세 명 있으면서…. 퇴근할 때 되면 밥해야 되고, 살림 다 해야 되고, 밖에 나와서 또 일해야 되고 대외협력분과장 해야 되고(한숨). 진짜 지치고 힘들더라고. 근데 물어보면 엄마들이 보통 "난 살림 안 해. 나 아무것도 안 해 들어가면. 내가 이 정신에 뭘 해" 아빠도 그걸[그런 상황인 걸] 인정하지.

근데 나는 그 케이스가 아닌 거야. 그게 억수로 서럽더라고. 왜? '나도 억수로 힘든데, 왜 나는 아무도 안 달래주지? 나는 동혁이 아빠를 보면서 이 사람을 어떻게 하지?' 하고 계속 달래야 되는 입장이고, △△이 눈치 봐가면서 애가 상처받았을까 봐 애 마음 보살펴야 되고, 각자 자기는 자기감정에 빠져 있고. 나는 이 사람들 밥 먹여야 되고 빨래해야 되고 청소해야 되고. '왜 내가 이걸 다 해야 되지? 계속 이렇게 평생을 이렇게 살아야 되나?' 그런 생각이 드는 거예요. 어떻게 화장실 청소도 해야 되는데 말을 못 하겠는 거야. "화장실 청소해 주세요" 말도 못 하겠더라고. 뭔 정신이 있어서 해줄까 싶으니까. 그렇게 시간이 흘러갔어요, 그냥.

8
유가족 내부의 차이와 갈등에 대한 소회

동혁 엄마　　1주기가 다가오면서 내 마음이 이제 많이 꼬여진다[고 느꼈어요]. 반에서 이제 반 밴드를 하잖아. 4반 밴드 이렇게 하면 사람들이 애들 생일 되면 뜨잖아요. "김동혁 생일", "누구 생일" 이러면 사람들이 막 "축하합니다", "축하합니다" 올리는데 그것도 막 벨이 꼴려. 왜 꼴리냐면 '지금 상황이 축하할 상황이냐. 지금 미역국 끓여가지고 파티 할 상황이냐'고. 그니까 관점이 달라져 버린 거예요, 나는.

　　나는 오로지 이게 막 '왜, 빨리 [진실을] 밝혀야 되는데 왜 사람들이 가만히 있지?' 근데 이 사람들은 이거 오래갈 싸움이니까 먹어가며, 서로 위로해 가며, 사람을 모아가며 가야 된다고. 근데 나는 충분히 했잖아. 그동안에 간담회 전국 돌고, 대구 같은 경우에는 열 번 넘게 갔으니까. '그 정도로 갔으면 그 사람들 끌어모을 때도 됐는데 언제까지 우리가 찾아가면서 해야 돼?' 이제는 가서 인권 이야기 하고 국민의 안전 이야기 하는데 그거 얘기하기 전에 선결과제가 해결이 됐냐 그거지. '그거[진상 규명이] 해결이 안 된 당사자들이 왜 이렇게 나서서 해야 돼? 그럼 국민은 뭐 하고? 끝까지 우리를 도와주겠다는 사람들은 도대체 뭐 하고? 우리가 아직까지 나가서 이야기해야 돼?' 지금 우리는 우리보다 조금 더 전문적인 사람들을 써서라도 그동안에, 지금처럼 이렇게 다 수집을 해가지고 그걸 분석을 하고 데이터를 나누고 [해야 해요]. 사실은 그렇게 해서 3, 4개월… 3개월 정도 된 거 같아요. 매주 목요모임 '네티즌수사대' 모임이라 그러대. 그 모임을 한 지가 한 3개월 됐는데 그분들하고 모일 때마다 느끼는 게, 부끄러운 거. 첫째는 가족으로서 정작 관심 가져야 될 여기에는 수현이 아빠하고 우리 가족 외에는 관심 있는 사람이 없는 거야. 아무도 없어. 처음에는 뭐 준영이 아빠, 창현이 아빠 막 모시고 갔어요. 점점 떨어져 나가는 거야. 왜? 재미가 없죠.

사실은 그냥 일반 부모님들 '양평바꿈세'나 '[엄마의] 노란 손수건' 엄마들 이렇게 와가 같이 밥 먹고, 한 사람씩 돌아가면서 발언하고 그거는 이제 익숙해져 있어요. 그리고 거기서 나름대로 힐링도 해요, 부모님들이. 내가 하고 싶은 말을 함으로써…. 근데 이 모임은 가서 들어야 되는 거야. 그 사람들 일주일 동안 에이아이에스(AIS)가 어떻고 저떻고, 항적도가 어떻고 저떻고, 어 티알에스(TRS)[주파수공용무선통신]가 어떻고 막 전문용어 섞어가면서, 이게 이래 되면 안 되는데 이래 됐고, 누구의 행적이 뭐 아침에 몇 시부터 몇 시까지, 좀 지겨운 이야기예요. 그죠? 분명히 알아야 될 이야기인데 좀 지겨운 얘기야. 그러면 두세 번 나오다가 안 나오시는 거야. 그러니까 남아 있는 사람이 우리밖에 없는 거야.

동혁 엄마 김성실

어제도 8시부터 시작해서 12시 거의 20분쯤까지 했어요. 근데도 얘기가 끝이 안 나. 일주일에 한 번밖에 못 만나니까. 근데 거기에 의사 선생님도 계시고 그동안에 쭉 네티즌수사대 하셨던 분들도 계시고 그래요. 그니까 우리가 그래요. "[참사 책임이] 누가 국정원인지 누가 뭔지는 모른다. 하지만 한 가지라도 우리가 모르는 걸 갖고 오면 그게 자료가 되고 그게 데이터가 되지 않냐"고. 근데 처음에 시작했을 때 얼마나 우리가 손 놓고 있었냐면, 분명히 가족대책위에 진상[규명]분과가 있었어요. 그들 말로는 뭐 데이터 분석하고 다 했대. 근데 우리가 시작할 때 거기서 자료를 받아서 봤을 때 자료가 2테라바이트[TB]예요, 2테라바이트. 그 2테라바이트 안에 판결문은 없었어. 판결문은 만 장이 넘어요, 만 장이. 언제 다 읽고 하냐고. 언제 다 읽고 언제 다 분석해. 처음 시작부터 미리 앞장서서 하는 사람이 있어서 그게 다 분석이 돼 있었어야 돼.

근데 실수는 뭐냐면 우리는 가족들끼리니까 아까 얘기했던 서로 간에 저 사람 지적능력이 어느 정도인지, 어떤 생활을 했는지, 뭘 잘하는지 검증을 하지 않고 아무나 뽑았다는 거지. 아무나 그 사람이 그 자리가 아닌데 앉혀놨던 거야. 지금도 마찬가지고. 그냥 아무나 앉혀놓은 거야. 그래서 얼마 전에 그랬어요. 그 사무처장이 그만두고 나서 다시 뽑는다길래 제가 제안을 했어요. "최소한 이력 정도는, 경력과 이력 정도는 알고 뽑아야 되는 거 아니냐?" 근데 아직도 해결되지 않고 있어. 왜? 기존 하고 있는 사람들이 그 정도가 안 되니까. 그 정도가 안 되니까…. 그니까 어느 날 나는 나를 구박

95
•
2회차

하고 나를 핍박하는 데 대한 실망보다는 이 사람들 가지고 있는 생각을 보면서 내가 좀 실망을 많이 했거든요.

오룡호가 작년에 일어났잖아요? 그죠? 그때 사조산업 앞에서 그 한겨울에 비닐 깔고 이분들이 부산에서 뭐 어디에서 올라[오고], 거제도에서 이렇게 올라오신 분들이 데모를 하고 있었어요. 〈비공개〉 그러니까 그분들이 얘기한 거야. "세월호 가족들이 와서 우리 기자회견에 한마디만 해줘도 우리가 힘이 좀 날 거 같은데" [우리가] 못 갈 이유 없잖아요. 가야 되는 거잖아. 그 전에 우리가 이 사고를 겪기 전에는 이런 일이 어디에서 일어나는지 관심도 없었어요. 나는 내가 생각했을 때 내 새끼 먹고살고, 내 가정 잘 꾸리고, 내 새끼 나가서 남한테 피해 안 되고, 남한테 밥 한 그릇 사줄 정도 되면 나는 내가 할 일을 다 했다고 생각했어. 그게 국가를 위한 일이라고 생각했고. 근데 이 일을 딱 겪는 순간 내가 모르는 일이 너무 많았던 거고 내가 사회에 무관심했던 거지. 너무 내 위주로 살았던 그게 후회가 굉장히 되고. '아, 그래서 나를 지금껏 살려놓고 나를 이것을 보게 하는 이유는 하나님이 나한테 여기 보낸 이유가 있다'. 뭔가 조금이라도 깔짝깔짝 하라고 보낸 거 같애. 동혁이 아빠한테도 이런 일을 겪게 하는 이유가 분명히 있을 거라고 생각을 했어요. 〈비공개〉

그리고 전국 도보를 시작을 했어. 그때도 제가 대외협력분과장일 때예요. "도보 행진을 하자" 이렇게 해갖고 인양분과하고 나서 가지고, 세월호 인양을 위한 도보 행진이었죠. 근데 저는 그 도보가 완주가 목표가 아니었어요, 국민들한테 알리는 거. 가는 과정에서 쉬었다 가더라도 여러 국민들한테 알리는 게 목표였거든요. 근데 남자들은 또 그게 아닌가 봐, 완주가 목푠가 봐. 그러면서 그 20박 21일[19박 20일] 동안 내려가는 동안에 선두차량, 후발주자 그게 [담당할 인력이] 없어갖고 막 고민을 하고 있더라고. 그때 우리 아들이 제대하고 잠깐 집에 있을 때였어. 우리 아들 운전 잘하잖아요. 또 우리 차가 카니발이에요. 그래서 내가 손을 들고는 "그렇게 할 사람 없으면 우리 아들 오라 해가지고 써먹어라. 운전 잘한다. 내가 말해놓을 테니까 써먹어라" 하니까 시큰둥한 거야. 근데 더 웃긴 건 내가 나오고 나서 저거끼리 얘기했대. "그게 형이야? 엄밀하게 얘기하면 남이지. 웃기고 있네. 아무 데나 나서고 난리야" 그 얘기가 제 귀에 들어왔어요. 〈비공개〉

면담자   배·보상 문제로 가족들 사이에서 얼마간 갈등이 있었지만 배·보상을 받았건 안 받았건 진상 규명을 위해서는 다들 함께 하실 생각이잖아요?

동혁 엄마   물론 그렇게 생각하고 위안을 하죠. 그치만 [배·보상에 대해서] 아무도 가르쳐주지 않았다는 거지, 아무도 가르쳐주지 않았고. 어떤 정신과 의사선생님이 그때 그런 얘기를 하셨어요. 이 사고 나고 얼마 안 됐을 때 왜 '자조모임'이라 해가 반별로 돌아가면서 했는데 우리가 그 마인드가 안 돼 있었어. "그걸 왜 해?" 하면서 전부 다 거부했었어. 근데 내가 한번 나가봤는데 그때 그 정신과 의사선생님이 그랬어. "이런 큰 사건을 겪으면 2년 안에는 그 어떤 결정도 하지 마라. 결혼, 이사, 직장. 어떤 결정도 하지 말고 지금 현 상태를 유지하라"고 그랬어요. 그때 한참 동혁이 아빠가 퇴직하니 어쩌느니 했을 때 "안 돼, 안 돼" 했었던 거거든. 이 얘기를 좀 더 미리 우리가 들었어야 됐었는데, 이것만큼은. 〈비공개〉 사실 우리한테 어떤 교육이 필요했는데 아무도 교육해 주지 않았어. 그러면 문제는 앞으로의 미래도 마찬가지일 거 아니냐는 거지. 어느덧 이렇게 주변을 돌아보니까 아무도 나하고 내가 어떻게 해야 되는지를 가르쳐주는 사람이 없다는 거지.

9월 28일이 배·보상 [신청] 마감일이에요. 신청을 해야 돼. 신청 안 하면 소멸되고, 법에 그래 돼 있어요. 소멸되고 이의신청기간 한 달 정도고. 가족대책위에서는 국민성금은 받고 하고 있잖아. [배·보상] 신청[을 하거나] 소송을 하고 있잖아. 근데 소송 안 한 사람들도 많아요. 그러면 그 사람들은 어떻게 해야 되지? 9월 28일 다가오니까 울며 겨자 먹기로 아무도 가르쳐주지 않으니까 배·보상 신청하는 사람도 있겠죠, 급하게. 그죠? 마음이 급하게… 난 이만큼 기다렸는데도 아무도 얘기 안 해주니까. 저 같은 경우도 분명히 나와서 활동을 하고 정보를 얻는다고 얻었지만 아주 혼란스러운 거야. 그러면 수현이 아빠하고 약속을 했어요. "말일 날쯤에 이제 28일 마감 날짜에 분명히 기자들이 촉각을 곤두세우고 있을 거다. 그러면 머리띠라도 하나 하고 해수부 내려가자. 그리고 배·보상 신청서 쓰러 왔다 하고 들어가서 배·보상 신청서를 쓰고 이의신청서를 바로 하자"고 그래. 나는 '배·보상 신청서를 뭣 때매 먼저 하고 이의 신청을 하지? 이의신청 그냥 하면 되지' 나는 그런 입장이고, 수현 이 아빠는 '[신청을 먼저 하고 이의신청 하는] 그게 더 맞지 않냐' 이런 입장이고. 근데 아무도 우리한테 얘기를 안 해주고 있어요. 근데 궁금해요, 그게 이의신청을 하게 되면 그 이의신청에 대한 결과가 나올 거잖아. "너희들, 이의신청을 기각한다"라든지 아니면 "명분 없다"라든지 분명 그렇게 나올 거잖아요. 그럼 그게 결정이 되는 건지, 아니면 우리가 "그거[이의신청 기각] 알아들었습니다"라고 싸 인을 해야 그 배·보상이 나오는 건지.

근데 나는 배·보상이 나오기를 원하지 않아. 신청도 안 하고 싶 어요. 너무 미안해, 미수습자 가족들한테. 국민성금도 마찬가지고. 아직 우리는 안 했거든. 근데 한 반에 한 서너 가정, 네다섯 가정 정도만 국민성금 안 받은 거 같애. 다 받았어요. 근데 계속 안 받을 수도 없고. 미수습자 가족들은 어떻게 해야 되지 그러면? 그 사람 들은?

면담자   미수습자 가족들은 성금을 못 받는 건가요?

동혁 엄마   아니요. 하고 싶으면 그니까 죽은 사람으로 인정해 준대. 근데 부모 마음이 그게 아니잖아. 어쨌든 인양이 되고 "내 애 가 그 안에 없다. 유실됐다"라고 판결이 나기 전까지는 포기를 못 하는 거지. 애가 살아 있는 것에 대한 것은 포기를 했어요. 근데 진 짜 뼛조각이라도 만져보고 싶은데 그때까지 왜 못 기다려주냐는

거지, 나는. 왜 못 기다려주죠? 그걸. 나는 기다려줄 수 있다고, 그
게 예의라고 생각을 하고, 그걸로 싸웠었어야 되는데. 우리는 지금
까지, 그거는 진짜 핵심은 빼고 정말 그게 총알이었는데, 우리한
테. 그 총알은 빼놓고 특별법이니 뭐니, 쓸데없는 걸로 사단법인이
니 뭐니 그걸로 싸우고 있는. 지금도 사단법인 땜에 싸우고 있는
거잖아. 사단법인 빨리 만들어야 된다고. 〈비공개〉 내 새끼 찾았다
고 내 몰라라, 그건 아니죠. 그런 관점에서 봤을 때 왜 똑같은 마음
이 돼서 그걸 못 기다려주냐는 거지. 〈비공개〉

9
세월호 이후, 망가져 가는 몸과 마음

면담자   오빠를 보내고서 △△는 괜찮았나요?

동혁 엄마   〈비공개〉 어느 날 작년에 6월 6일 현충일 날. 우리 애
가 좀 많이 잘 몰라요, 그런 걸. 그래 학교를 안 간다고 현충일이라
서 학교를 안 간대. 그날이 현충일이라는 걸 몰라가지고 "오늘 무
슨 날인데?" 하니까 그냥 국경일이래서 학교 안 간대. "무슨 날인지
인터넷 봐봐. 무슨 날인데?", "현충일. 현충일이 뭐 하는 날이야?"
모르는 거야. 그래서 내가 "잘 찾아봐" 이랬더니 동혁이 아빠하고
밥 먹고 있는데 갑자기 뒤에서 막 뛰어오더니 "아, 엄마 엄마. 아,
유관순 너무너무 불쌍해요" 이러는 거야. "왜?" 하니까 "세상에 열

여덟 살에 죽었대요. 너무 불쌍해. 18살밖에 못 살고 죽었어요". 우리 애가 죽은 지 얼마 안 되는 그 시기에 얘가 그 얘기를 하니까 동혁이 아빠가 갑자기 숟가락을 놓더라고. 그래서 내가 "김△△, 유관순 언니가 불쌍해? 그 사람은 자기가 왜 죽는지 알고 죽었어. 니네 오빠는 자기가 왜 죽는지도 모르고 그렇게 죽은 거야. 너 그렇게 얘기할 수 있어? 아빠 앞에서?", "헉, 깜빡했어요". 그 정도로 순진해요, 애가.

그니까 그걸 하나씩 하나씩 심어주기가 쉽지 않았는데, 지금은 세월호 형제자매 활동을 굉장히 열심히 해. 열심히 하고 나름대로 이제 의식을 가지려고 노력을 하는 거죠. 하나씩 하나씩 배워가는 거지. 근데 그걸 보면서도 동혁이 아빠는 그런 거지 "동혁이가 지금 있었으면 고3인데, 당신이 하자는 대로 따라 했으면 애가 얼마나 많이 바뀌었을까. 얘가 얼마나 많이 달라져 있었을까?" 정말 아까운 아이였다는 거.

그리고 이제 우리끼리 얘기할 때는 그러죠. "가능하면 동혁이 얘기는 우리끼리 있을 때는 하지 말자. 안 했으면 좋겠다" 왜? 너무 아프니까. [슬픔이 저마다] 따로따로 오니까 이게 이 사람 올 때도 같이 슬퍼해야 되고, 이 사람 올 때도 같이 슬퍼해야 되고 이러니까 이게 사는 게 사는 게 아닌 거야. "여보 힘들더라도 나가서 울어" 그랬어. 그래 요즘은 담배 들고 그냥 나가요. 그럼 나중에 들어올 때 보면 눈이 뻘겋게 보여, 그면 애써 나는 모르는 척해요.

왜? 그날 이후로 실제적으로 몸이 너무 망가져 버린 거야. 지금 제가 (팔을 움직이며) 이 이상은 안 올라가, 이 팔도 안 올라가고 잘 때도 옆으로 못 누워. 이게 왜 인형들 팔목 비틀어가 빼듯이 그렇게 아퍼. 여기 양쪽이. 그렇게 아프고 눈도 엄청나게 안 좋아진 거야. 많이 울어가지고… 이게 안구건조증 그런 게 와가지고 이제는 우는 자리에 안 가고 싶은 거야. 글이 안 보여요, 이제는. 예전에는 책을 이렇게 누워서도 보고 앉아서도 보고 그랬는데, 지금은 한참 이렇게 봐야 글이 보일 정도고 안경으로도 대체가 안 되더라고. 안 되고 제가 기자생활 할 때 잠깐 담배를 폈었거든요? 근데 이 일 있고 나서 담배를 피기 시작한 거야. 동혁이 아빠랑 둘이서 거의 하루에 한 갑 넘게 펴요. 이러다 죽을 것 같아요. 저 심장도 안 좋잖아요. 그니까 폐도 안 좋은 거 같고, 이러다 죽을 것 같은데 이게 끊어지지가 않아. 애가 불현듯이 생각나고 이게 사라지지가 않을 때 담배 한 대를 피면 슥 내려가. 그니까 이 생활이 엉망진창이 돼버린 거지.

뭐 나는 이렇게 사는 거 너무 싫은데 좀 규칙적으로 계획 세워가면서 이렇게 사는 게 좋은데, 내가 세운 계획이 아무 의미가 없어져 버리고 나니까, 아무 계획이 없이 사는 거야. 그냥 눈뜨면 눈뜨나 보다, 잠 안 오면, 이제 잠 안 오면 아무렇지도 않아. 어차피 4시, 5시까지 못 자니까, 귀신같이 왔다 갔다 하다가 5시 되면 누워가, 동혁이 아빠 출근할 때 그냥 거기 밥 있으니까 먹고 가라고. [밥은] 해놓기만 해놔. 그럼 자기가 알아서 먹고 가요. △△이도 그러고 그니까 어련히 그게 생활이 돼버린 거야, 생활 같지 않은 생활이.

그니까 술도 동혁이 아빠는 굉장히 늘고, 저는 술을 별로 안 좋아하거든. 근데 동혁이 아빠는 술을 그 전에 4·16 이전에는 어쩌다가 일주일에 한 번 정도였는데, 지금은 일주일에 서너 번, 서너 번 술을 먹어야 잠이 들지. 그니까 진짜… 사는 게, 사는 게 아니야.

10
특별조사위원회와 진상 규명을 위한 활동들

면담자　　동혁이를 보내고서 가족들이 전부 너무 힘든 상황이네요.

동혁 엄마　　근데 희망은 이 네티즌수사대들이나 이런 분들이 아직까지도 관심을 가지고 끝까지…… 우리가 그러면 '특조위가 일을 하게끔 해주자' 해가지고 엊그저께 수현이 아빠가 가갖고 6건을 신청을 했대, 조사신청을. 그랬더니 이 사람들이[특조위에서] 전화가 와가 그랬대 "한꺼번에 많이 하지 말라"고 나중에 그러면 할 게 없어지잖아. 아니, '저거 우리 신청하는 것만 할려고 했던가?' 그거 너무 안 웃겨요? 지금 30건, 100건을 해도 다 받아줘야지. 그래 가지고 동혁이 아빠 이름으로도 또 3건을 해서 지금까지 총 9건 했어요. 준비해 놓은 거는 40건이 넘어요. 근데 하나씩 하나씩 할려고 9건을 했는데 바로 등기우편이 왔더라고, 접수했다고. 특조위에서 전화 왔대. 동혁이 아빠한테 3건 접수됐다고 "열심히 하겠습니다"

그래. 동혁이 아빠가 하는 말이 그 말이야. "열심히 하겠습니다"가 중요한 게 아니라는 거지. 저거가[특조위가] 하고 있어야 되는 일인데, [오히려] 수현이 아빠한테 전화 왔더래. 그래 가지고 보조자료, 첨부서류가 해경이 어떻게 구조 잘못한 거 내용이 어디 진술서에, 어디 녹취록에 있다고 [수현이 아빠가 얘기]하니까, [특조위에서] 그 녹취록을 보내달라고 하더래. 그게 무슨 특조위야?

면담자   자기들이 자료를 다 확보하지 않았나요?

동혁 엄마   아니, 너무 많은데 안 읽어본 거지.

면담자   자료가 없는 줄 알고요?

동혁 엄마   이때끔[여태껏] 안 읽어본 거지. 그럼 지금까지 뭐 했다는 거야. 우리는 다 읽어본 사람들인데 저거는 뭐 하고 있어? 그래 수현이 아빠가 또 그럼 늦어질까 봐 한마디 해주고는 그냥 보냈대요, 또. 이메일로 보냈대. 그러니까 "감사합니다" 하더라네. 그냥 공무원하고 다를 게 뭐 있냐고, 시키는 것만 하는 거기에 기대할 바는 못 돼. 그렇지만 우리가 한 걸 하는 시늉은 할 거 아니야. 뭔가 우리가 못 했던 게 나올 수도 있을 수도 있지. 근데 이 자료 공개 청구가 그 전에 됐었다면은 왜 안 모아져 있겠습니까? 지금도 마찬가지지.

     어제 우리가 한 얘기가 그거예요. 결론은 레이더 항적 봤을 때 이렇게 세월호가 침몰해 갖고 이렇게 급회전해가 돌아갈 때 컨테이너 같은 게 떨어져가 있었잖아요. 그걸 음… 사람들은 다 처음에는 잠수함이니 뭐니 잠수함설까지 나왔어요. 설(說)이었어요, 그죠? 근데 이제 어느 순간 "그거 컨테이너다" 이랬어요. 그러면 컨테이너면 컨테이너가 그때 당시에 20개 넘게 떨어져 있었는데 어째서 한 개만 나오냐고. 그리고 어느 순간 사라지고 없어요. 그러면 한꺼번에 우르르 떨어지면서 한 개가 겹쳐져서 떨어졌다면 나중에 사라질 때는 파도에 의해서 이렇게 뿌려져야 되잖아. 그거 없잖아. 그냥 스르르 사라지고 없어.

그리고 레이더 영상도 주는 것마다 달라요. 그럼 그걸 보고 처음에는 우리는 그랬어요 "레이더 영상은 조작할 수 없다". 원칙만 생각하고 있었던 거지. [이제는] "그건 원칙이고 충분히 조작이 가능하다. 그리고 지금까지 에이아이에스(AIS) 항적도나 레이더 영상이나 준 거 전부 다 조작이었다" 녹취록 또한 중간중간에 뺑뺑 뛰어. 뺑뺑 뛰고, 사람들의 행적도요, 진짜 과연 이게 새 청장이 간 게 맞나? 목포서장이 간 게 맞나? 왜? 동시에 같은 시간에 다른 데서 있을 때가 많아(헛웃음). 아주 깨알 같은 그런 것들이 너무 많아요. 너무 많은데 그걸 다 하면 몇백 건이 넘어. 다 할 수가 없잖아.

그게 어떤 게 진상 규명의 실마리가 될지 모르지만 아무튼 우리가 3개월 넘게 이야기를 하고 연구를 하면서 느낀 결과는 뭐냐면, 한결같이 세월호는 사고 원인도 알 수 없을뿐더러, 평형수 조작? 이거 절대 아니에요. 왜냐하면 그 큰 배가 그렇게 쉽게 넘어갈 수는 없어. 그니까 어떤 물리적인 영향, 내부에서의 영향, 외부에서의 영향이 충분히 있을 수 있었다는 거고. 그리고 둘째는 뭐냐면 해수부, 해경, 언딘, 그리고 뭐 육군이고 뭐고 간에 전부 다 국가 공권력과 그리고 거기에 유착된 관계기관들이 하나같이 다 마이너스 점수였다는 거지. 0점이야 0점. 아무것도 하지 않았다는 거, 아무것도 하지 않았다는 거.

어제 얘기한 결과는 뭐냐면 청해진함이 심해 내려가서 잠수함이 빠지면 건지는 기계까지 있었대요, 청해진함에는. 근데 거기서는 뭐라고 했어요? 평택함, 무슨 함 그것만 기대하고. 청해진함은 처음에 얘기 나왔어요. 나왔는데 의도적으로 싹 없애버리고 다른 데 거를 얘기한 거야. 다른 데 게 와야 된다고 [했다고]. 그니까 실제로 [취]할 수 있는 것들은 전부 다 거부한 거지, 전부 다 거부하고. 육군[육상]경찰에서도, 육경에서도 "도와줄 거 없습니까?" [물었는데]… 녹취록에 나와요. "도와줄 거 없습니까?", "저희가 알아서 다 [하겠습니다]" 하고.

그리고 제일 기가 막혔던 거는요. 애들 시신을 건져 낼 때 '누가 건졌냐?' 민간잠수사가 건졌다 하면 "그거 우리가 건졌다 캐라", "야, 그렇게 하면 그림이 안 돼지", "아, 선내에 진입을 했었어야 그림이 됐었는데" 그런 얘기만 나와요. 그리고 구조선, 구조인력 데리러 헬기가 출발을 해야 되는데, 높은 사람이 와가지고 그 헬기를 써야 돼. 출발하는 헬기를 돌려세우는 녹취록이 있어요. 옆에서 그래요. "꼭 구조인력을 실으러 가야 되냐"고, "돌아오라 그래. 해산하라 그래" 해서 다시 와서 그 사람 태워서 가는 거예요. 그래서 정작 구조해야 될 사람들은 6시간, 7시간 걸려서 가고, 이 사람들은, 높은 사람들은 헬기 타고 왔다 갔다 하고. 그게 우리나라였다는 거지.

그러면 중요한 거는 살아 있어야 될 애가 죽은 거야. 살아 있어야 할 애가 그 많은 어른들의 마이너스 점수 때문에……. 이유는 뭔지 모르겠어. 이유는 분명히 그거예요. 그렇게 해야 될 지시가 있었거나 아니면 그렇게 하지 않으면 안 될 눈치를 봤다는 거죠. 그죠? 그리고 나중에 그게 나올 건데 검은 비닐도 나와요. 나중에 선원들이 억지로 올라가서 내려오면서 구명조끼를 벗으면서 서로 눈치를 줘가면서 던져주고 던져주고 하면서 검은 비닐이 나왔다가 다시 들어갔다 나와요. 검은 비닐을 주머니에 넣고 하는 장면들도 나와요. 그리고 CCTV도 제시간이 아니고 중간중간 끊어진 게 너무 많고. 중간중간 끊어진 게 왜? 이게 움직이는 그걸[물체를 감지해서] 잡고 CCTV가 작동이 되잖아. 그리고 아무도 안 움직이면 CCTV가 꺼지고 중간에 안 나와요. 그래 그게 맹점이었던 거야. 근데 우리한테 준 CCTV에 보면, 아니 일단 아이들[이 촬영한] 영상에 보면요, 올라가서 막 저거끼리 사진 찍고 막 여기 서라 하고 사진 찍고 막 그런 영상들 많아요. [그런데] 그런 장면 하나도 없어, CCTV에. 있어야 되잖아? 애들 왔다 갔다 사진 찍고 하는 장면 있어야죠? 없어요. 어디로 갔는지 없어. 분명히 그 CCTV가 예를 들면 채널 16번이 있던 자리였는데 그 장면은 없어. 그러면 중간중간에 다 빠졌다는 거지. 그니까 처음부터 끝까지 다 조작이었고, 처음부터 끝까지 다 이 사람들은 0점짜리 사람들이었다는 거죠. 대통령 일곱 시간도 중요한 게 아니라, 왜 그렇게까지밖에 할 수 없었는지가 궁금하다는 거죠, 우리는. 그래서 그게 내가 살아 있을 동안에 [진상 규명이] 안 된다 하더라도, 이렇게 얘기하는 게 지금은 폭탄 발언이고 뭐일지 모르지만 분명히 언젠가는 그게 남아 있을 거라는 거죠. 내가 보고 듣고 느낀 게, [그들이] 잘못됐다는 게.

지금 다음 달에 10월 달이면 선원 두 명이 나오잖아요. 이미, 이미 국가에서는 이미 용서가 되고 있는 거야. 저거가 저거 죄를 저거가 물어가지고 저거가 용서를 하고 있는 거야. 그리고 부모님들 중에서도 대책 없이 착한 분들이 많아 가지고 그럼에도 믿고, 그럼에도 믿고 있고, 그럼에도 아름다운 용서를 할 생각을 하고 있는 사람들이 많더라고.

그런데 저는 용서는 그래요. 잘못한 사람이 진심으로 잘못했다고 빌 때 용서할 수 있는 자격이 나한테 생기는 거야. 우리는 아직 용서할 자격이 없어요. 왜? 잘못한 사람이 가해자가 잘못한 걸 인정하지 않고 있기 때문에, 용서할 마음을 가지면 안 돼. 더 분노를 하고 더 흥분하고 있어야 돼. [분노하고] 있어야만이 저 사람이 무서워하는데, 우리는 스스로가 어울려서 우리는 아름다운 연대 모임이야. 그래 우리는 으쌰으쌰 고함 한번 지르고 끝. [그러면] 하나도 안 무섭죠. 저거끼리 놀고 있는데, 저거끼리 연대해가 놀고 있는데 어느 누구 하나 뭐 테러를 가하는 사람도 없고, 어느 누구 하나 니 죽고 내 죽자도 없잖아. 뭐가 무서워. '저 사람 저러다 말겠지' 하는 거지.

동혁 엄마 김성실

그래 그게 나는 답답한 거예요. 그렇게 해서 같이 연대하는 것도 중요하지만 그 연대의 힘을 어디에 쓸 건가도 생각을 해야 된다는 거지. 최소한 목숨이 위험하지 않은 한 가지가 있잖아. 내년 총선 있잖아요. 가장 큰 무기야, 우리한테는 그게. 가장 쉽게 다가설 수 있고 우리가 어떻게 움직이느냐에 따라서 국민의 마음도 바뀔 수 있는 건데 우리는 각각 뿔뿔이 흩어져 있잖아, 지금. 〈비공개〉

제가 한 얘기가 나중에 어떤 식의 활용을 할지는 모르지만 그냥 나는 있는 그대로 순수하게 얘기하고 싶고. 지난번에도 끝나고 갔을 때 '국민대책위가 많이 도와줬는데 나는 왜 국민대책위 욕을 할까?' [생각해 봤는데] 근데 순수하게 그건 욕은 아니에요. 판단이죠. 내가 평가한 거죠. 그것도 곧이들어야 되고 고쳐야 될 거는 고쳐가야만이, 내가 고치지 않으면 사회가 안 바뀐다니까. 내가 내 나쁜 점, 안 좋은 점을 고쳐야 된다고… 잘못된 거. 근데, 나는 고칠 생각을 안 하고 남이 바뀌길 바란다는 게, 그것도 고질적으로 있어 왔던 그 관피아, 해피아 그런 것들을 바뀌길 바란다는 거는… 내가 대응하는 게 잘못됐다는 거지. 안 바뀌는 거는 바꿔야지, 방법을.

그래서 나는 이번 총선만큼은 좀 우리가 다 좀 정신을 차렸으면 좋겠어. 좀 더 검토를 하고 판단을 해가지고 해야 되는 거 아닌가? 무조건, 무조건 새누리라고 다 싫고, 새천년[민주당]이라고 다 좋고 그것도 아니잖아요. 그 사람의 살아온 방식과 생각을 읽을 줄 알아야 되는 건데, 우리는 너무 멀리 있었다는 거지, 정치하고. 그니까 처음에 이 일이 일어났을 때 "세월호가 무슨 정치하고 관련이 있냐, 정치색 띠지 마라" 했을 때 '아, 그런가' 했는데 지금 생각해 보면 세월호가 왜 정치하고 관계가 없어요? 정치하고 밀접한 관계가 있었기 때문에 이런 상황이 일어난 거라고 난 생각하는데…. 정치를 떼놓고는 생각할 수가 없어, 이거는. 그렇기 때문에 우리가 정치에 개입을 해야 된다고 난 생각해. 국민이 개입하지 않으면 누가 개입하는데, 정치를? 정치는 정치인들이 대신해 주는 거지, 국민이 어차피 해야 되는 일 아니야? 난 국민인데 당연히 알고 있어야 되고 개입해야 되는 거지. 그런 생각이에요.

면담자   고민이 많으신 것 같아요.

동혁 엄마   네, 고민이 많아요. 그래서 어제 수현이 아빠 만나서 그냥 결론을 내렸어요. '그래, 그래도 수현이 아빠가 나보다 조금 더 똑똑하고 나보다 조금 더 의지가 있는 분이니까 믿고 가자. 그래 뭐 띠 매고 내려가자면 가지 뭐. 해수부에 내려가자면 가지 뭐. 신청하고 하자 하면 은화 엄마한테 양해 구하고 하지 뭐'.

면담자   대부분 배·보상을 받거나 아니면 아예 거부하거나 이렇게만 생각하시고 이의제기에 대해서는 별로 생각을 안 하고 계셔서요.

동혁 엄마   응. 이의신청에 대해서는 아무도 얘기 안 하고. 우리가 그렇다고 해서 외야에서 뛰는 사람이 돼놓으니까 가족대책위 밴드에 우리가 올릴 수도 없고, 공지를 할 수도 없고 그런 입장이에요. 근데 우리처럼 이래 고민하고 있는 집들이 50집은 넘을 거예요. 누군지를 모르니까 얘기를 못 하는 거지, 우리는. 그냥 우리가 먼저 저지르는 수밖에 없지. 그럼 또 누군가가 물어보겠죠. 〈비공개〉

11
참사 이후 더 어려워진 사람 관계

면담자　　어머님은 목표 의식이 굉장히 확고하신 것 같아요.

동혁 엄마　　그래요. 그니까 그게 나를 괴롭히는 거야, 사실은. 남들 말처럼 [진상 규명이] 20년, 30년 오래 걸린다 치고, [나를 만나러] 오는 사람대접도 해가면서 이렇게 해야 되는데, 특히나 제가 술을 안 좋아하다 보니까 밖에서 밥 먹는 것도 썩 좋아하지 않고 이러니까 맨날, 공… 그냥 허공에 떠도는 약속인 거예요. 어떤 분들이 오면 "동혁이 엄마 보러 왔어요" 이러면 "아, 다음 주에 밥 먹어요" [하지만] 다음 주 되면 또 다음 주……. 왜냐면 그게 의미가 없게 자꾸 느껴지니까. '나는 지금 할 일이 너무 많은데 이런 데 시간 뺏길 수 없어' 이런 거 있잖아요.

　　그런 생각도 들고, 또 이렇게 세월호로 인해서 만난 사람들이 사사로운 생활을 공유할 수 있는 친구는 또 못 되더라고. 아시죠? 근무, 일하는 것처럼 느껴져. 근무같이 느껴져. 회사 직원이 친한 친구가 잘 안 되듯이 그런 느낌. 근데 참 좋은 사람들이 많거든요.

'저 사람하고 친해지면 좋겠다' [싶죠]. 근데 이미 세월호라는 그걸로 딱 막을 이렇게 입혀놨으니까 그 이상의 어떤 얘기도 못 하겠는 거야. 예를 들면 "아, △△이 때문에 속상해요", "동혁이 아빠 때문에 화나요", "우리 엄마 아파서 속상해요" 그런 얘기는 못 하는 거야. 이게 너무 크다 보니까. 근데 4·16 이전에 알던 친구들이나 동료들은 아무도 못 만난다는 거. 왜? 대화가 안 통해. 소통이 안 돼. 아예 못 만나. 일주일 내 만나던 언니도 있었거든요? 엊그제께 문자 한번 했어요. "잘 있나?", "잘 있다" 끝. 만날 용기가 안 나는 거야. 왜? 머릿속에는 온통 세월호밖에 없으니까. 근데 또 세월호 사람 만나면 세월호 얘기만 또 하니까 힘들고. 아시겠죠? 어떻게 해야 될지…….

면담자　　어머니, 근데 그런 얘기를 사실 "오늘 동혁이 아빠 때문에 속상했다" 이런 얘기가 소소한 거 같지만 마음속에서 계속 걸리기도 하잖아요. (동혁 엄마 : 그렇죠) 근데 그런 걸 얘기할 사람이 없으면 힘들지 않으세요?

동혁 엄마　　힘들죠, 힘들고……. 이런 그게 오히려 더 크게 느껴질 때가 있어. 예를 들면 뭐 나는 [동혁이 아빠가] 어제께 술을 마셨기 때문에 오늘은 안 마셨으면 좋겠는데, 오늘도 전화받자마자 달려 나가서 술이 취해서 들어와서 코 골고 누워서 자. 막 호흡이 힘들어 갖고 막 힘들어하고. 근데 하필이면 그날 우리 △△이는 휴대폰에 빠져가지고 공부도 안 하고, 속옷은 속옷대로 쌓아놨고 막

'SOS'['긴급출동 SOS 24']에 나오는 방처럼 해놓고, 치우라 해도 안 치우고 나를 힘들게 하는 거야. 공부도 아예 안 하고. 수준이 어느 정도 수준이었냐면 지금은 많이 달라졌나는 모르겠어요(웃음). 엄청 성격은 적극적으로 바뀌었어요. 〈비공개〉

그니까 우리는 한 가지는 굉장히 잘한 게 있어요. 되게 현명했었다 싶은 게, 급속하게 가까워져서 급속하게 빨리 시작하긴 했지만, 물론 내가 더 부자였을 수도 있지, 금전적으로는. 근데 동혁이 아빠가 자기 스스로 자기가 못 하는 걸 인정을 하고 집에 들어오자마자 모든 통장을 나한테 다 넘겼어요. 애들한테도 얘기했어요. "아빠 돈 한 개도 없다. 엄마한테 달라 해라" 그니까 모든 돈줄은 나한테 있는 거야. 그럼 나한테 잘 보여야 되잖아. 그러다 보니까, 그렇다고 내가 뭐 그거 어디다 쓸 건데? 이런 건 또 안 물어봐요. 내가 알아서 "여기 안에서 너거가 써" 이러다 보니까 동혁이도 용돈을 받아썼거든요. 착한 일 하면 5000원 더 주고 이런 식. 그러다 보니까 애들이 굉장히 내 말을 잘 들었어. 엄마라 하면은 껌뻑 죽는 거지. 엄마 말이면 다 법이고.

근데 다른 집, 이렇게 실패한 재혼 가정들 보니까, 각자 자기가 번 거 자기가 관리하고, 내 새끼는 자기가 챙기고, 니 새끼 내 새끼 이런 게 있더라고. 근데 우리는 그럴 수 없었던 게 애도 없었잖아. 얘네 둘이가 다였으니까. ○○이는 군대 가고 이러니까. 근데 그 과정에서 되게 섭섭할 때도 있었을 거 아니에요. 내가 애들한테 혼낼 때 들으면 자기도 섭섭한 말들이 있고, 안 그렇겠어? 이때껏 이것도 못 배우고 뭐 했어? 이런 식의 얘기도 나도 가끔 했으니까. 그러면 되게 섭섭했을 수도 있는데, 동혁이 아빠는 전혀 그냥 항상 나보고 잘했다 했어. "잘했어, 당신이 잘했어 그래. 그런 혼낼 일 있으면 내가 얘기할게" 그러죠. 〈비공개〉

면담자   긴 시간 동안 말씀해 주셔서 감사합니다. 오늘 구술은 이것으로 마치겠습니다.

3회차

2015년 9월 22일

1
시작 인사말

면담자　　본 구술증언은 4·16 사건에 대한 참여자들의 경험과 기억을 기록으로 남김으로써 이후 진상 규명 및 역사 기술에 기여하고자 합니다. 지금부터 김성실 씨의 증언을 시작하겠습니다. 오늘은 2015년 9월 22일이며, 장소는 안산시 단원구 양지지역자활센터입니다. 면담자는 김향수이며, 촬영자는 박여리입니다.

2
배·보상 신청 문제와 유가족 간의 관계

면담자　　지난번 구술 이후 어떻게 지내셨어요? 주말에는 버킷리스트 공연이 있었죠?

동혁 엄마　　네, 있었는데 못 갔어요, 저는. 우리 반에서 누가 온다고 해가지고. 우리 반 아빠가, 의정부에 사는 용진이 아빠가 있는데 그분이 이제 어째야 될지 모르니까, 28일이면은 배·보상 마감이니까 어째야 될지 모르니까는 전화 왔더라고. 자기는 아무것도 안 했는데 얘기 좀 하자고 그래서 버킷리스트 [공연은] 못 갔죠. 〈비공개〉 [활동에 참여하지 못하는 부모님들] 그런 사람들 같은 경우에는 앞에 이끌어가는 임원들이 조금만 더 다독거리면 진짜 끝까지 갈 사람들인데. 중간에 포기한 사람들이 너무 많아요. 누구 보기 싫어서 포기하고, 나가면은 마음 아파서 포기하고. [나는] 싫다는 거지 그런 게. 그리고 주변에 [친인척] 가족들도 "이만하면 됐다 아이가, 그만해라" 하는 가족들도 많잖아. 저희도 저희 친정을 저도 이제 추석인데 가야 되잖아. 저는 이혼한 이후부터는 계속 오빠 집에 가고, 지금도 동혁이 아빠는 친가하고 연락을 안 하니까 오빠 집을 가잖아. 그러면 오빠네도 그런 식으로 얘기하거든요. "어지간히 해라. 니가 대통령 돼봐라 그 정도 할까" 이런 식의 말을 해요. 경상도잖아, 우리는 특하나. "박근혜 불쌍하다. 어째서 이렇게 국민들이 다 욕을 하는지 모르겠다". 근데 본인은 본인이 안 당해봤으니까 모르는 일이잖아. 오빠임에도 불구하고 정말 이게 설득이 안 되는 거는, 가장 가까운 사람한테 설득이 안 되는 거는, 왜냐면 내가 간담회나 이런 한 장면을 보내주고 싶어도 쑥스러워서 못 보내겠는 거야. 그렇다고 자기가 애써 알려고 하지도 않고. 그럼에도 불구하고 이제 우리는 그걸 한 귀로 듣고 한 귀로 흘리거든요. 근데 그보다 더 세게 나오는, 뭐 시어머니까지도 나서서 "산 사람 살아야지" 하는 집도 있다대.

그리고 [유가족 부모들 상황이] 분향소 가면 나에 대한 안 좋은 소문 돌아다니고, 부모들이 "니 욕 한다더라" 하는 엄마들이 있고. 또 집에 가면 [자기] 부모들이 전화해 가지고 그만하라 하고, 친척들이 그만하라 하고, 친구들이 그만하라 하고. 끝까지 그 상황에서 어떤 멘탈[정신력]이 강한 사람들이[라도] 쉽진 않다는 거지.

그래서 중간에 배·보상받은 사람 중에서도 욕을 할 수 없는 사람들이 있는 게, 처음부터 되게 순수하게 끝까지 가겠다고 하신 분들이 많아요. 그니까 마음이 아프지, 우리 입장에서는. 수현이 아빠가 조금만 더 사회적인 인물이었으면, 그리고 아니면 가족대책위[4·16가족협의회]가 조금만 포용력이 있어서 수현이 아빠나 당신을 포용하고 갔다면… 지금 그렇게…. 엊그저께 가족회의에 사십 가정 나왔대. 사십 가정이면 진짜 그 [활동하는] 유가족은 삼십 가정도 안 된다는 거야. 그걸로 뭘 싸우겠다고. 그리고 본인들은 싸우겠다는 의지인지 아닌지는 모르지만 아무튼 동혁이 아빠는 통탄을 하더라고. 그렇다면 외부에서 하는 사람들[을] 가만히나 놔두든지. 〈비공개〉

그래서 제가 말하는 게, '내가 안 변하면 아무도 안 변한다'는 거. 내가 안 풀면 상대방도 안 풀 거 아니야. 그래서 어저께 당직 때 그런 얘기도 한 거예요. 사실은 뭐 마음이 다 풀리고 내가 푼수라서 그런 욕까지 들어먹어 가면서까지 "여러분 사랑한다"고 했겠습니까? 사랑을 '하고 싶어서'… 정말 이렇게 뿔뿔이 가서는 안 되니까. 가족대책위 일원으로서 가서 피켓을 들고 하더라도 사람들이 "어, 동혁이 엄마가 안 보이네요?" 하면 "아, 동혁이 엄마하고 수현이 아빠는요, 다른 데서 열심히 하고 있어요" 이렇게 얘기가 나오길 바라는 거예요. 근데 그렇게 얘기가 안 나와요. 물어보면 "몰라요. 그 사람들 뭘 하는지. 자기들 임원일 때는 나오더니" 이런 식의 이야기가 도니까 힘들다는 거지 그게. 〈비공개〉

3
가족 이야기

면담자   △△이는 어떻게 지내고 있나요?

동혁 엄마   〈비공개〉 우리 △△이가 지금 얼마나 많이 바뀌었는지 아세요? 어제도 학교 갔다 오더니, 제가 어제 중국어를 배우러 가야 될 시간인데 잠을 한숨도 못 자고 9시에 잠이 든 거예요. 근데 2시까지 중국어를 가야 되는데 눈을 뜨니까 1시 반인 거야. 애매하잖아. 그럴 때는 약해지잖아요. 그래서 좀 있으면 △△이도 올 거고 조금만 더 자자 하고 자버린 게 △△이 올 때까지 잔 거야. △△이가 "엄마 어디 아프세요?" 이래서 어… 너무 힘들어서 "밤에 잠을 안 자서 어떡해요" 이러더니 "밥을 니가 좀 챙겨 먹을래?" 먹고 이제 지는 다시 방과후를 가야 되니까 그랬더니 밥이 조금밖에 없대. 다 먹으라고 그랬더니 밥을 먹더니, "엄마 제가 밥 안쳐놓을까요?" 그러더라고. "그래 주면 고맙지" 하는데 "고맙지" 하면서도 그 마음이라는 게 찌릿찌릿하면서 심란한 거야. 누워 있기가 바늘방석인 거예요. 그래서 벌떡 일어났어요. 일어나 가지고, 가가지고 계란 프라이 다시 해가지고 주고 밥 안쳐놓은 거 보고 "고마워. 고마워" 하면서 설거지가 산더미로 쌓여 있었거든. 그래서 설거지 막 하니까 엄마 아프다면서 뭘 하내. 그래서 "니가 해줄 거야?" 했더니 "혜혜, 저는 그건 아니고" 그래서 내가 "△△아, 집에 가정주부가, 안주인인 엄마가 아프면은, 상황이 이렇게 되는 거야" 그랬더니 "아… 안 좋

동혁 엄마 김성실

아, 안 좋아, 안 좋아" 이러더라고. 그래서 내가 아… 얘가 참 많이 변했구나. 많이 바뀌었구나. 〈비공개〉

면담자　　　예전에 그 페이스북에 한번 올리신 게 기사로 나온 게 있었잖아요. △△이 친구가 한 말이요.

동혁 엄마　　"세월호 유가족은 거지"라고 한 거요?

면담자　　　네. 그런 일들이 있으니까 아무래도 아버님이나 어머님이 더 △△이한테 신경을 많이 쓸 거 같아요.

동혁 엄마　　동혁이 아빠는 그 얘기 듣고 그년 어떤 년이냐고. 찾아간다고 확 흥분했다가, 그다음 날 되면 잊어버려요. 내가 그랬잖아요, 금방 잊어버린다고. 우리 △△이도 그래요. 막 짜증이 이만큼 났다가 5분도 안 돼서 보면 노래 부르고 있어. 저는 좀 오래 가거든요, 화가 나면. 그게 이유가 풀릴 때까지 가잖아, 여자들은. 안 그렇더라고 이 두 사람은 O형이야. 저는 AB형이에요. 두 사람은 O형이에요. 그건 그렇고, 그때도 화가 막 이렇게 나더니 그다음 날 그러고 그걸 이제 케어하는[돌보는] 거는 내가 해야 될 일이지. 그래서 "친구들이 뭐라고 그래?" 이런 얘기 하니까 나중에 그러더라고. 페북에 사람들이 많이 이렇게 옹호를 해주고 했잖아. 그걸 봤대, 자기도. 그걸 보고 "엄마가 그렇게 올렸는데 괜찮아?" 하니까 괜찮다고 아무렇지도 않다고 지금도 그래요. "교실 존치 문제 때문에 엄마가 학교 가서 한마디 할려고 하는데 그래도 괜찮아?", "괜찮아요. 하세요. 저 신경 쓰시지 말고. 그게 더 중요한 일이잖아요" 그러더라고. 어떨 때는 애가 더 어른스러울 때가 있어요, 동혁이 아빠보다.

면담자   아버님이 좀 믿고 맡기시는 건가요?

동혁 엄마   믿고 맡기는 거예요.

〈비공개〉

면담자   아빠, 엄마가 활동이 많아서 자주 집을 비우시고 하면 △△이가 좀 외로웠을 거 같은데요.

동혁 엄마   그렇죠. △△이는 △△이대로, 자기[동혁이 아빠]는 자기대로. 그러면서 또 며칠 동안 아팠대. 이 사람은 내가 없으면 꼭 아파요. 아팠다고 그러면서 "자기 없으면, 당신 없으니까…" 이 사람은 그러니까 애정 표현을 막 해, 말로. "당신 없으니까 내가 그렇게 힘들고 아팠어, 당신 멀리 가지 마" 이렇게 얘기하거든? 한편으로는 이 사람한테 내가 꼭 필요하구나……. 〈비공개〉

4
미국 방문을 통해 생각한 진정한 '추모'

면담자   어머니, 미국 다녀온 이야기를 부탁드릴게요.

동혁 엄마   미국 갔는데, 사실은 관심이 진상 규명에 관심이 많은 부모도 있고, 우리 아이를 어떻게 기억을 할 것인가 때문에 추모에 관심이 많은 분들도 꽤 많아요. 꽤 많은데 그런 분들 중에 여러 분들이 가서 9·11 그게 어떻게 됐는지 자세히 보고 와라 이랬어요. 근데 9·11[9/11 메모리얼]을 갔었는데 그게 작년에 개관했다 하드만. 그래서 개관한 지 얼마 안 됐는데 그게 관광지가 되어 있더라고. 정말 사람들이 너무너무 많이 오고, 걸어다니면은 몇 시간을 돌아다녀도 다 못 봐요. 그 정도로 그 현장에 세워졌잖아 그 9·11탑이. 근데 저는 유가족이다 보니까, 이 추모 그걸 하는 기간에 유가족이 어느 정도 참여를 하는가가 궁금했어요. 그래서 봤더니 유가족은 코빼기도 안 보이고, 어… 거기 안내하시는 분의 얘기로는 유가족은 주변에 우후죽순 이렇게 여행사들이 있을 거 아니에요. 그런 데에 나와서 자원봉사 하신대. 그런 데에 나와서 끼어들, 주축으로 끼어들지 못하고…. 근데 우리가 알고 있기로는 9·11 그게 유가족이 나서서 그걸 만들었다고 그거를 성공적인 작품이라고 생각을 했거든요. 까보니까 그게 아니더라는 거지.

제가 봤을 때는 그게 아니고 이거는 나라를, 어떤 국가를 위한 그걸로 세워져 있더라는 거지. 그러니까 사실은 미국도 문제는 많잖아요. 우리보다 더 큰 문제들이 많겠지. 많은데 그나마 그럼에도 불구하고 국가를 위한 것이건 어쩌건 그렇게 거대하게 세워줬다는 것만 해도 유가족 입장에서는 고맙죠. 근데 거기에 안내하시는 분들이 그렇게 어떻게 보면은 공기업 수준의 그거잖아. 그러면 그게 현장에 있든 희생자 가족이든지 생존자 중에 직업이 이렇게 필요한 사람한테 나눠줘야 되는 거 아닌가? 현장에 있던 사람을 통해서 듣는 게 더…. 그래서 그렇게 돼야 된다는 생각이 들더라고. 우리

123

3회차

추모공원도.

그리고 저는 간절했던 게 맹골수도에 추모관을 세울 순 없잖아. 그죠? 그렇기 때문에 세월호 인양을 정말 온전하게 해서 그 배가 길이가 145미터면, 우리 100미터 달리기 하잖아요. 길이가 145미터예요. 그러면 9·11 추모관 못지않다는 거죠. 그거를 어딘가에, 하다못해 대부도든 안산 어디든 연고지 가까운 곳에 해가지고 그 아이들이 방마다 어느 자리에서 숙식을 하고 그때 어디에 있었는지는 마지막 있던 자리가 있었을 거 아니에요. 거기에 그 아이들 추모할 수 있는 그런 공간을 만들어주고. 그리고 뭐 예를 들면은 로비나 이런 데는 같이 세월호를 기억하는 모임이 모여서 모임을 할 수 있는 장소로 그런 식으로 해서 [추모]관을 꾸미면 오히려 세계적으로 굉장히, 어떤 경제적으로도 이득이 될 것 같거든. 관광수입이 생길 것 같애. 굳이 그걸 추모로 관광으로 표현하는 게 뭣하지만 어차피 우리가 해야 될 숙제예요.

그래서 저는 국가에서도 굳이 이게 그들이 잘못한 게 정말 없다면 이렇게 은폐해서 될 일이 아니라 드러내놓고 '우리가 나서서 우리가 잘못한 거니까 우리가 나서서 좀 더 이렇게 해보겠다. 그리고 이걸로 인해서 다시는 이런 일이 안 생기게끔 만들어주겠다' 하면서 그걸 활성화한다면은 가족들도 많은 국민들이 기억해 주고. 국가에서 그렇게 적극적으로 나서서 우리 마음을 위로해 주는데, 또 시간이라는 존재도 있기 때문에 [그러면] 어느 선에서는 우리도 애들을 떠나보낼 수 있지 않을까….

동혁 엄마 김성실

근데 저는 지금 현재 제일 불안한 게 아직 인양이 안 됐잖아요. 인양이 내년 7월에 된다는데 언제 될지 몰라. 근데 내년 4월 16일 이면 또 2주기가 돌아와요. 근데 나는 총선을 앞두고 합동영결식을 하게끔 만들 것 같은 분위기인 거예요. 이 정도 됐으면 됐…[다고]. 국민들은, "아직도 세월호에 사람이 있어요" 하고 얘기해 주기 전에는 이미 이제 일상으로 돌아가신 분들은 기억 못 해요. "아, 아직도 있었어? 난 다 해결됐는 줄 알았는데" 이런 국민들이 많기 때문에 우리가 보는 건 우리 편만 보지만, [사실은] 그런 사람들이 더 많아요. 그러면 그 사람들은 "그래, 아직까지 합동영결식 안 했어? 해라 제발 좀" 그런 분위기가 만들어질 것 같은 거예요. 그러면 내 의지하고 상관없이 아이를 떠나보내야 되잖아.

근데 나는 아직까지는 애를 못 놓겠어요. 이걸 해결을 해야 맘이 편안하게 놓고 어디론가 어떤 추모관이 생긴다면 정말 동혁이를 기억하는 일을 하고 싶고. 또 동혁이 아빠한테도 내가 얘기했지만 "항상 지금 고민 중이다. 당신이 일을 어쨌든 정년을 맞이할 거 아니야. 아니더라도 본인은 뭐 10년 정도만 일하다 그만할 거다. △△이까지 키워놨고 나면 난 돈 버는 이유 모르겠다" 이렇게 했으니까. 그러면 어떤 시골에 갓길이라도 우리끼리 사는 집이라도 동혁이를 위한 뭔가 전시관처럼 만들어서 오시는 분에게 차라도 대접하고 밥이라도 해드릴 수 있는, 내가 할 수 있는 그걸 하고 싶은데….

국가가 나서서 해야 될 일은, 정말로 세월호를 현상 그대로 침몰하면서 이렇게 부식되고 상황이 이렇다[고 보여주는 거죠]. 그 9·11에 가면 있어요, 그게. 불이 나고 터져가지고 골조가 나와 있는 걸, 그런 걸 단면을 그대로 뜯어 와갖고 "이게 어디에 있던 거다, 어디에 있던 거다". 그리고 옛날 통신이 그렇게 발달하지 않았을 때잖아. 영상전화나 이런 거 아니잖아. 그니까 그 죽은 아이, 죽은 사람의 목소리를 마지막 목소리를 들을 수 있는 게 있어요. 예를 들어 김동혁, 122번 눌러서 이렇게 들으면 그 아이 살아생전 목소리가 있어요.

저도 동혁이 목소리가 동혁이 아빠 거기에[전화기에] 유일하게 있어요. 왜냐면 동혁이가 뭔가 잘못할 때마다 반성문을 썼는데 안 고쳐지는 거야. 그래서 나는 재밌으라고 다음에 장가갈 때 들으라고 장가갔을 때 지가 썼던 반성문 보고 들으면 되게 좋잖아. 그래서 내가 동혁이 아빠 전화기에다가 녹음을 하라 했어. 뭘 잘못했는지 그니까 "죄송합니다. 다시는 그러지 않겠습니다. 저가 뭐 이렇게 잘못해서 죄송해요". 까맣게 모르고 있는데 몇 개월 뒤에 내가 생각이 난 거예요. 들어보자고, 그걸 듣는 순간 가슴이 또 그렇더라고. 나는 국가에서 그렇게 해줬어야 되고, 그게 작업이지 않나 하는 생각이 들고…. 뭔가 선후가 잘못됐다는 게 느껴지는 게……. 〈비공개〉

5
향후 목표와 가족들에 대한 안타까움

면담자　　　어머니, 앞으로 살면서 목표라든지 꼭 하고 싶은 것이 혹시 있으신가요?

동혁 엄마　　음… 동혁이가 가면서 걱정한 게 "내 동생 어떡하지?"였잖아요. 그 '내 동생 어떡하지'에 아직도 내가 엄마지만 엄마로서 내가 단련시켜야 될 게 많고, 부족한 게 있을 거라고 생각해요. '동혁이가 100퍼센트 나를 믿었다면 그런 말을 했을까?' 하는 생각도 사실 들거든요. 나는 목표는 그거예요. 남들이 뭐라고 얘기해도 저는 내가 낳은 내 새끼가 최곱니다. 그죠? 그러면 나는 지금 내 아이, 그니까 우리 ○○이가 자기가 좋아하는 직업을 가지고 평화로운 가정을 꾸리고 누군가한테 어떤 기쁨을 줄 수 있는 그런 사람이 됐으면 좋겠어. 그게 첫째 목표예요, 저는 개인적으로.

두 번째는 △△이, 동혁이가 그렇게 걱정하고 간 △△이. 음… 사랑 많이 받는 아이로 자라게 했으면 좋겠어요. 지금은 세월호이기 때문에 받는 사랑이 많고 그게 약간 허수가 많이 있어요. 그럼에도 불구하고 아이가 참 좋아하거든요. 근데 그게 끊어지지 않고 이 아이를 진심으로 사랑하는 사람들이 많았으면 좋겠고, 특히나 동혁이가 해보지 못했던 거. 연애도 못 해봤고, 결혼도 못 해봤고, 직장생활도 못 해봤잖아요. 여행도 마음껏 못 다녀봤고. 그걸 △△이가 다 할 수 있는 어떤 여건이 되고 그렇게 만들어주는 게, 그렇게 키워주는 게 제가 할 수 있는 역할이고….

그리고 저희 가정에 있어서의 꿈이라면은 비록 이렇게 만난 가족들이지만 어느 가족 못지않게 서로 생각해 주고, 내가 죽었을 때라도 우리 △△이가 아무 거리낌 없이 오빠 집에 가서 "오빠!" 하고, 또 언니 집에 가서 "언니!" 하면서 기댈 수 있는 그런 끈끈한 정

만들어서 해주고. 동혁이 아빠가 퇴직을 하게 되면 어떤 시골이든 뭐 내려가서 그냥 나들목이랄까 길목에 집 조그만 거 하나 짓고 거기서 그냥 동혁이가 기억나서 오시는 분들하고 세월호 이야기하고 어떻게 어떻게 살아왔는지 이야기하고… 또 부모님들도 벌써 이민 간 분도 있더라고. 그런 분들이 편안하게 올 수 있는 그런 데를 만들어서 그냥…….. 그랬을 거 같애.

근데 가끔 이 몸이 내 맘대로 안 될 때가 있거든요. 나는 지금 저기를 가야 되는데 너무 기력이 없고 아무 힘이 나지 않고. 아프고 그럴 때 생각을 해봐요. 이 몸이란 [게], 육신이라는 게, 잠깐 이렇게 빌려서 오는 거라고 하잖아요. 그러면 분명히 영혼이 있겠죠. 천국에 애가 가 있겠죠. 음… 동혁이 아빠 흔히 하는 얘기가 그 얘기예요. 언젠가 만났을 때 "동혁아, 엄마, 아빠가 이렇게 하고 왔다" 그렇게 자신 있게 할 수 있게끔 동혁이 아빠가 조금씩 조금씩 변화가 됐으면 좋겠고, 부지런하게…. 저 또한 이런 마음들이……(한숨). 근데 부모 마음이, (울먹이며) △△이하고, 동혁이는… △△이하고, 우리 ○○이는… 세월호를 잊었으면 좋겠어…. 걔들이 이걸 기억하고 아프게 사는 게 싫어요…. 그래서 우리가 해야 될 일이 많다는 거죠…(울음).

(잠시 중단)

면담자　어머니, 아까 온마음센터에 가서야 된다고 하셨는데 어디 편찮으신 거예요?

동혁 엄마　이게 [팔이] 안 올라가고 밤에 옆으로 못 누워 자. 이게 빠질 것 같아서. 팔이 빠질 것 같아서. 근데 온마음센터에 가서 조금 그 마사지해 주시는 분이 만져주면 그날 밤은 조금 덜 아프거든요. 그래 이게, 뭐라 해야 되지? 여기에 있는 기름기가 다 빠진 것 같은 느낌이 들어, 몸에 있는 기름기가.

면담자　　많이 아프세요?

동혁 엄마　　네, 아파요.

면담자　　언제부터 아프세요?

동혁 엄마　　노숙… 했잖아요, 우리. 근데 그 전에도 체육관에서 제대로 잠 못 자고 제시간에 잠 못 자고, 또 잠자는 자리도 불편했고 또 올라와서도 마찬가지고. 그러다 보니까 이게 밤낮도 안 맞고 사이클이 완전히 바뀌어가지고 몸이 이제 그걸 느낀 것 같애. 아무리 다시 돌아갈래도 잘 안 되고 계속 아파요.

　　계속 아프고 대부분의 부모들이 뭘 잘 잊어버린다고 하잖아요. 저도 그래요. 응, 분향소에 차를 갖다놓고 가족들하고 광화문 갔다가 내려와 가지고는 택시 타고 집에 왔어. 그다음 날 아침에 차가 없는 거야, 주차장에. 근데도 '아… 분향소에 있지'라는 생각은 안 들더라고. 동혁이 아빠한테 전화해 가 차 가져갔냐니까, "나 내 차 가져오지, 당신 차를 왜 가져오냐"고. "분향소에 없어?" 하니까 '아 맞다, 분향소에 놔뒀구나' 그 정도로… 진짜 기억해야 될 걸 자주 잊어버리고 그래서 계속 메모를 해요, 약속 잡히면. 그때 안 하면 메모해야 되는 것조차 잊어버리고 그 약속을 잊어버리고 안 나가게 되는 거야. 언제쯤 이 정신이 돌아올지는 모르겠어요. 근데 대부분의 부모님들이 다 그렇대.

면담자　　　밤에 잠을 못 주무시는 거는 어깨 때문인 거예요? 아니면 사고 이후에 계속 그러신 거예요?

동혁 엄마　　　분노 때문이죠. 사고 이후의 분노 땜에. 동혁이 아빠가 그럼에도 불구하고 자기 자식이니까 얼마나 힘들겠습니까. 근데 저 앞에서는 잘 표현을, 이제 내가 좀 이렇게 그러니까 같이 울고 막 이러니까 자기가 힘든가 봐. 그러니까 저 앞에서는 이제 울지 말고 밖에 나가서 울어라 했잖아. 근데 그 전에 제가 대외협력분과장 할 때는 늘 쫓아다니잖아. 그때는 잠을 3시간이라도 잤어요, 제대로. 그러면 1시에 들어오면 1시에도 씻고 자고 그랬는데 그때도 동혁이 아빠는 회사를 다니니까 어느 정도 패턴이 정해져 있잖아요. 회사를 가기 위해선 잠을 자야 되니까.

　　근데 일찍 와가지고 나를 기다리고 있고, 나는 서울에 회의 갔다가 집에 오니까 밤 12시 넘었더라고. 그래서 서둘러서 자자고 1시쯤에 누웠는데 잠깐 내가 잠이 들었어요, 잠깐. 근데 그 우리 집 창문으로 달빛이 이렇게 새 들어오거든. 그래 사람 실루엣이 슥 보여. 느낌에 뭔가 (훌쩍이는 흉내를 내며) 이런 소리가 들리는 거야. 그래서 (한숨) '지금 깨어나면 달래야 되고, 그러면 일이 커져. 모르는 척하자' 눈을 꼭 감고 있었어. (흐느낌이 커지는 소리 흉내) 그러면서 자기도 흐느낌이 겨워 가지고 하더니 갑자기 막, 갑자기 일어나는 소리가 들리는 거야. 슬쩍 보니까 내 쪽으로 보면 안 되니까 돌아서서 그 큰 어깨가, 키가 크잖아, 들썩들썩들썩 하는데, 막 이라면서 이제는 막 엉엉 우는 거예요. 억, 억, 억 막 이렇게 하는데, 남자가 그렇게 우는데… (울먹이며) 그 어깨를 보면서 차마… 있잖아 (울음). 너무 미안하더라고…….

'아 진짜, 저 사람 어떡하지?' 저 사람이 내 남편이라는 생각은 안 들고 '저 자식 잃은 저 아비를 어떡하지?' 갑자기 자다가 일어나서 저렇게 애가 보고 싶어서 저렇게 우는데, '아, 어떡하지?' 싶은 거야(울음). 달래주고 싶은데 용기가 안 나는, 손이 안 가는 거야, 차마. 너무너무 미안하더라고. 〈비공개〉

며칠 전에 동혁이 아빠가 보지 못한 걸 봤어요. 밤에 내가 잠을 안 자니까 한 새벽 2시 정도 됐을까? △△이는 한번 자면 오줌 누러도 안 가거든요. 갑자기 애가 뭐에 썬 거처럼 터벅 터벅 터벅 걸어 나오는 거야, 나는 거실에 앉아 있는데. 근데 거실에 우리 동혁이 상이 있어요. 갑자기 거기 앞에 꿇어앉아 가지고 멍하니 애 영정 사진을 보고 있는 거야. (울먹이며) "△△아, 왜… 잠이 안 와?" 대답을 안 해요. 멍하니 한참을 있더니 "하아, 됐다" 이러고 들어가더라고. 못 물어봤어요. 동혁이 아빠한테 얘기하면 또 마음 아파할까 봐 말도 못 하고. '진짜 저거 오빠 맞구나' 싶더라고. 〈비공개〉

면담자   힘든 이야기인데 세 차례에 걸쳐 구술해 주셔서 감사합니다. 이것으로 동혁 어머님 구술증언을 마치도록 하겠습니다.

4·16구술증언록 단원고 2학년 4반 제2권

그날을 말하다 동혁 엄마 김성실

ⓒ 4·16기억저장소, 2019

기획 편집 4·16기억저장소 ┊ **지원 협조** (사)4·16세월호참사가족협의회
펴낸이 김종수 ┊ **펴낸곳** 한울엠플러스(주)
초판 1쇄 인쇄 2019년 4월 1일 ┊ **초판 1쇄 발행** 2019년 4월 16일
주소 10881 경기도 파주시 광인사길 153 한울시소빌딩 3층
전화 031-955-0655 ┊ **팩스** 031-955-0656 ┊ **홈페이지** www.hanulmplus.kr
등록번호 제406-2015-000143호

Printed in Korea.
ISBN 978-89-460-6725-7 04300
　　　 978-89-460-6700-4 (세트)
* 책값은 겉표지에 표시되어 있습니다.